培养孩子
自我时间管理
7步法

陈凤玲　金智元　编著

民主与建设出版社
·北京·

图书在版编目（CIP）数据

培养孩子自我时间管理 7 步法 / 陈凤玲, 金智元编著
. -- 北京 : 民主与建设出版社 , 2023.9
ISBN 978-7-5139-4381-9

Ⅰ . ①培… Ⅱ . ①陈… ②金… Ⅲ . ①时间—管理—
儿童读物 Ⅳ . ① C935-49

中国国家版本馆 CIP 数据核字（2023）第 192094 号

培养孩子自我时间管理 7 步法
PEIYANG HAIZI ZIWO SHIJIAN GUANLI 7 BU FA

编　　著	陈凤玲　金智元
责任编辑	郝　平
封面设计	冬　凡
插图绘制	文鲁工作室
出版发行	民主与建设出版社有限责任公司
电　　话	（010）59417747　59419778
社　　址	北京市海淀区西三环中路 10 号望海楼 E 座 7 层
邮　　编	100142
印　　刷	三河市万龙印装有限公司
版　　次	2023 年 9 月第 1 版
印　　次	2023 年 12 月第 1 次印刷
开　　本	880mm×1230mm　1/32
印　　张	4.5
字　　数	76 千字
书　　号	ISBN 978-7-5139-4381-9
定　　价	38.00 元

注：如有印、装质量问题，请与出版社联系。

序 言

　　著名的生物学家赫胥黎曾说："时间是最公平的，每个人都只有24小时；时间也是最不公平的，因为不是每个人都会充分利用这24小时。"可以说，如何使用时间，决定了一个人的人生，把时间利用好是实现理想的关键。正如英国小说家阿诺德·贝内特所说："要想在一天24小时的预算里充实愉快地度过，首先要冷静地认识到它的困难，然后不懈地努力。"

一、聪明的小孩也要懂得时间管理

　　有句话叫"笨鸟先飞"。其实这句话不是安慰"笨小孩"，而是提醒大家都要努力。特别是对天资聪明的小孩，这更应该是一个警醒：聪明的人更需要努力。他们的大脑反应更快，无论是读书还是做事，往往事半功倍，所以很容易形成一种固有的错觉：自己比别人能力强，所以不需要花费太多努力就能成功。

人们常常认为能力强的人不需要关注时间，但其实正因为忙碌，他们才更应该掌握如何利用好时间。要想成大器，就要做时间的朋友。有效的时间管理能够帮助他们提高执行力，也能培养他们专注于眼前的事和提前做准备的好习惯。

比如，同样是创造性劳动，写短文、拍视频、通过社交软件发布作品等，可以靠灵感完成，但是如果想写一本专著，则需要花费大量的时间和精力才能完成。为了达到这个目标，需要有良好的时间管理方法提供支持。专业作家会首先选择好题目，然后列出大致的提纲，并制定作息，合理安排好自己的精力，配置好学习、休息、运动和娱乐的时间。最后确定每天的写作进度，比如每天至少写 3500 字。这样经过一个月的努力，初稿就可以形成了。

不论天资如何，只有提前准备，才能在竞争激烈的环境中争取到好的机会。笨鸟先飞还有一层深刻的启示：不要沮丧，相信自己。许多人可能会因为觉得不够聪明而失去信心，但是，只要你愿意努力，就一定可以赢得最终的胜利。面对生活中的困难，不妨以积极的心态应对，不断努力，相信自己终有一天能够飞得更高更远。

二、时间管理也可以很有趣

并不是每个孩子天生就会熟练地、有计划地安排时间。事实上，即使对成年人来说，时间管理也是一个挑战。因此，想要让孩子熟练掌握时间管理，难度是非常大的。

不过，孩子比成年人拥有更明显的优势：如果孩子觉得一件事很有趣，他就会全心投入，并不断挑战自己。因此，我们可以帮助孩子及早地认识到管理时间是一个很有趣的挑战。学会管理时间，不仅能提高孩子的学习效率，也能让他们更热爱生活。

教孩子学会时间管理，就像教他们学习骑自行车一样。起初，孩子在前面骑车，父母需要在后面扶着。等到孩子形成肌肉记忆之后，父母才可以慢慢松手。

三、独立性是时间管理的精义

1990 年，福斯特·柯林和吉姆·范提出了一个概念——"直升机父母"。这个名词用来指代那些望子成龙、望女成凤的父母，就像直升机一样在孩子的上方不断盘旋，对孩子的一举一动无时无刻不在关注着。他们在孩子的生活、学习、人身安全、饮食营养等方面都过度地介入，这样的做法完全忽略了孩子独立成长的需要，后果也是可想而知的。

在培养孩子的过程中，父母需要明确自己的定位。父母的作用是帮助孩子，而不是代替孩子管理时间。引导孩子学会时间管理，就是要让孩子对时间和效率有主动的认识，学会自己思考"现在该做什么"，自发地、主动地去行动，而不是在父母的催促下被动地执行。

父母要明白，孩子是一个独立的个体，他们需要学会独立思考和解决问题，而不是总是依靠父母。父母可以给予孩子指导和帮助，但不能把所有事情都代劳。同样，孩子也需要理解，父母是他们生命中的重要支柱，父母的关心和爱护是他们成长的原动力，但是也不能完全依靠父母。孩子需要学会独立生活，掌握自己的人生。

独立性是培养孩子正确的时间观的关键所在，父母必须明白这一点——孩子的事情要让他们自己去做。不管是迟到，还是拖延，那都是孩子的事情，他们应该承担相应的后果。在孩子的成长过程中，他们需要体验各种生活经历，包括快乐的经历、焦虑的经历、失败的经历、悲伤的经历，这些经历对孩子的成长来说都是必不可少的。

独立性不仅与时间管理的问题有关，它还是孩子形成自我认识、自我认定和自我调节的一种能力。父母总是为孩子考虑，总是把任何事情全部安排好，这对孩子的成长并不好，这意味着剥夺了孩子锻炼的机会，所以必须让孩子明白：他们应该自己去思考如何处理。

在孩子具备独立的时间管理能力之前，父母要在他们身边耐心地提供帮助和支持。同时，父母和学校要齐心协力，这样孩子才能逐渐养成良好的时间管理习惯。

目录 CONTENTS

1

第一章

时间管理——孩子的自主管理

古人云:"玉不琢,不成器。"孩子如同璞玉,只有在精心雕琢下才能绽放最美的光彩。父母给予孩子什么样的教育,孩子就会成为什么样的人。

对于孩子而言,家庭是其人生中的第一所学校,父母是第一任教师,是启蒙之师。父母的言传身教,除了在孩子的性格形成、习惯养成、心态、能力、品德的培育等方面有着重大影响外,对孩子的思维意识也有很大的影响,甚至说,这种思维意识的影响可以决定孩子的一生。

可以说,时间管理作为一种思维意识和方法,在这方面的培养上,父母的作用无人可替。

想要教出懂得时间管理的小孩,父母也需要提高自身的素质。孩子是站在父母的肩膀上的,父母走得远,孩子才可能走得远,父母站得高,孩子才可能站得高。

一、时间管理是每个孩子的必修课

"孩子早上起不来""孩子做作业拖拖拉拉""孩子吃个饭怎么那么难"……父母的抱怨充斥着朋友圈、各大亲子教育论坛。其实，父母的这些问题，都属于孩子的时间管理问题。

拖拉磨蹭的习惯，不仅影响孩子的学习效率，而且还是一个隐形的时间小偷，窃取着孩子的宝贵时间。对于父母来说，看到孩子一直拖拉磨蹭，不仅令他们焦虑不安，也让他们感到非常烦恼。

孩子拖拉磨蹭的做事习惯，不仅可能成为家庭矛盾的根源，影响正常的家庭生活，还会对孩子的学习和成长产生很大的负面影响。为了不再被孩子磨蹭、拖拉的坏习惯所困扰，避免不停地催促孩子并让他们感到烦恼、讨厌，父母学习培养孩子的时间管理能力是非常必要的。

3～12岁是孩子一生习惯养成的关键时期。研究表明，85%的习惯都会在这一时期定型。在这个关键时期，孩子的大脑正处于快速发展的阶段，具有极高的学习能力，也正是这个时候形成的习惯将会影响他们一生。因此，父母应该在这一时期采取行动，正确引导孩子，帮助他养成良好的习惯。如果能在这个时期具备良好的时间管理能力，不仅有助于他更有效率地学习，也可以帮助他在未来更好地把握生活节奏，更好地处理各种事情。

培养孩子的时间管理能力是十分必要的，并且应该尽早开始。具备良好的时间管理能力对孩子一生都会有深远影响。它有助于提高孩子的组织能力、自制力和独立性，并能增强孩子的学习能力和幸福感。随着孩子年龄的增长，他需要独立完成更多的任务，规划好自己的学习和生活，并在学习、游戏和其他活动之间取得平衡，同时也要更好地应对各种生活挑战，实现自我价值。

因此，学会有效地管理时间是孩子成长的重要一步。

二、孩子时间管理训练必经的四个阶段

孩子的时间管理能力培养过程可以类比为习惯培养过程，它也是一个需要长时间磨练的过程。通常情况下，孩子在培养时间管理能力的过程中会经历四个阶段：反抗期、磨合期、倦怠期和适应期。

1. 反抗期

反抗期是培养孩子时间管理能力的第一阶段，在这个阶段孩子很容易对改变表现出抵抗。刚开始实施新的时间管理方法时，孩子可能会觉得不习惯。随着时间的推移，他们很容易对此产生厌倦和懈怠，甚至会产生对抗性反应。

为了避免孩子的反抗，父母应该遵循"少即是多"和"逐步递增"的

原则，渐进地降低预期，避免给孩子带来过大的压力。此外，父母还可以定期引入新的改变，保持刺激性，以避免孩子对新的时间管理方式产生抵抗。

比如，孩子的起床时间是7点半，想要改变他们的赖床习惯，父母可以先以每天提前5分钟的节奏来改变，而不是一下子将起床时间定为6点半。这样的变动较小，不会给孩子带来过大的压力，也不容易导致孩子产生排斥和抵抗。

2. 磨合期

磨合期是孩子逐渐适应新的时间管理方式的阶段，同时也是他们开始试图坚持使用这种方式的过程。在这一阶段，父母和孩子都需要经历一个逐渐适应的过程，才能找到适合他们的节奏。这个阶段对于培养孩子的时间管理能力至关重要，因为孩子正在养成新的习惯。

在磨合期，父母必须坚持原则。一旦确定了相关的规则，就应该坚持到底，不能因为孩子的一点小进步就放松要求，或者因为孩子的抵触而动摇。否则，孩子的习惯很难稳定下来。一旦父母在规则上妥协，那么当再次调整回来时，孩子就会重新经历抵触和磨合的过程。

3. 倦怠期

在倦怠期，孩子可能会对新的时间管理方式感到厌倦，因为他们还没有看到明显的效果。此时，父母也可能会因为实际情况与预期之间存在的差距感到焦虑，这种压力可能会被传递给孩子，给他造成更大的压力。

在这一阶段，孩子可能很容易放弃关于时间管理的努力，因此父母需要给予孩子足够的鼓励和支持，以帮助他们渡过难关。

4. 适应期

适应期是孩子逐渐适应并开始受益于新的时间管理方式的阶段。在这个阶段，孩子已经能够积极地使用新方式来管理学习和生活，并且不会有太多例外的情况。

不过，父母需要知道的是，即使孩子已经处于适应期，仍然有可能出现懒惰的想法。这是正常的心理现象，父母应该继续保持接纳、理解和鼓励的态度，并与孩子保持真诚、开放的沟通，提供必要的支持和帮助。

一般来说，经过大约 21 天的训练，孩子便会进入适应期，这意味着孩子已经养成了相应的时间管理习惯。

三、针对不同性格孩子的沟通技巧

在了解自己的孩子是什么性格之前，父母不妨先代入一下以下这个场景。

假设期末考试成绩出来之后，孩子考了 70 分，而父母之前给他定的目标是 90 分，于是就会出现以下几种不同的状况。

（1）父母刚象征性地训斥了孩子一句，孩子立马回嘴反驳道："我已经尽力了，你还要我怎样！""分数有那么重要吗？""不要老拿我和别人家的孩子比！烦死了！"孩子好像永远在为自己的行为找借口，认为自己没有错。打不得，骂不得。

（2）父母训斥孩子之后，孩子嬉皮笑脸地应付了一下："妈妈我错了，您别生气，下回我一定争取考 90 分啊！""妈妈，你知道吗，70 分是个好分数，有进步空间才有动力嘛！""妈妈，70 分很不错了，方方这次也考了七十几分。"然后孩子跟没事儿发生一样，继续"没心没肺"地玩耍。

（3）父母还没来得及说话，孩子的眼泪已经夺眶而出，泪如泉涌，委屈得不行。

（4）回家后，孩子只是闷闷地低头不语，怎么沟通都没有反应，父母急得要炸了，孩子也丝毫不为所动。

1. 力量型孩子

如果孩子更符合第一种情况，那么，便可以认为他属于力量型性格。这一性格的孩子往往做事雷厉风行、很有主见，很难听取别人的建议。简单说，力量型孩子的特点就是霸道，无论何时都喜欢争对错、争输赢。但是，从另一方面说，力量型孩子天生具有领袖气质，父母要善于发挥其性格优势。

针对力量型孩子，父母要给予孩子掌控感和选择权。父母在沟通的时候，要注意使用带选择的问句，比如"你是想……呢，还是……？"，永远给予孩子选择的机会，这样他才会有掌控感，按照自己选择的方式去做事。

另外，父母还要善于利用孩子的好胜心，激发孩子的行动力。比如，在孩子赖床的时候跟孩子说："宝贝，要不要来一个起床比赛，看谁的速度快？妈妈可以5分钟之内搞定，如果你比妈妈还快，你就赢了。你准备好了吗？再不行动，妈妈就要赢了！赶快！"

2. 活泼型孩子

如果孩子属于第二种情形，那么他就是活泼型性格的孩子。这类孩子大多热情奔放、精力充沛、活泼好动，喜欢热闹，喜欢结伴，往往能说会道，嘴巴很甜，习惯用花言巧语来说服别人。但是，这类孩子也容易情绪化，自己的需求得到满足了，便"你好我好大家好"；而当自己的需求得不到满足的时候，就会拼力纠缠，甚至会通过撕心裂肺的大哭，试图让父母妥协。

针对这类孩子，父母要迎合他的基本需求：为孩子找个同伴。有了同伴之后，孩子会更享受与小伙伴一起做事情的时光，更有动力去完成目标。父母可以经常邀请孩子的同学、好朋友来家里和孩子一起做作业、一起玩耍。让孩子与同伴互相学习、互相比赛。

3. 完美型孩子

符合第三种情形的就是完美型性格的孩子。这类孩子内心有强烈的秩序感，做事十分有条理，十分在意细节。无论是物品的摆放还是作业中的每个字的书写，都要工工整整，井然有序。稍有不合意，他就会表现得情绪化。

这类孩子自尊心很强，内心很敏感。父母仅轻描淡写地一句提醒，孩子可能就会感受到巨大的压力，内心无比委屈。

针对这类孩子，父母要给予足够的空间和耐心，让孩子按照自己的节奏来做事，不要催促或者频繁提建议。同时，父母要有意识地降低对孩子的要求，并以此为基础帮助孩子制定一个合适的作息时间表，让孩子有矩可循，从而得到足够的安全感。

4. 和平型孩子

第四种情形是典型的和平型性格。这类性格的孩子情绪十分稳定，很少发脾气、耍性子，也不顶嘴，平时一向十分安静，总是闷闷的，不言不语。父母需要注意，千万不要因为和平型的孩子表现得很乖、很安静，就觉得他们没有问题。恰恰相反，这类孩子最容易出现磨蹭拖延行为。

针对这类孩子，父母要尊重他的性格倾向，不要逼迫他去表现、去竞争。而应该多陪伴孩子，多使用肢体语言去表达对孩子的爱和鼓励，亲自去示范正确的方式。同时，父母还可以主动分享自己的一些经历和感受，为孩子做榜样，耐心地引导孩子多表达。

另外，和平型孩子喜欢安于现状，不太喜欢表达自己的需求，也不会作决策。所以父母要避免包办一切的做法，在引导孩子时，要给孩子提供几个合理的选项，让孩子学着去选择，逐步培养其独立思考的能力。

四、让自信陪伴孩子成长

培养孩子树立正确的时间管理观念，注定是一条漫长而曲折的道路。所以，父母在引导孩子树立、培养属于自己的时间观念和管理方法的同时，也要和孩子沟通互动，了解他的进步和疑惑，并鼓励孩子，帮孩子树立自信。

在成长的道路上，孩子总是有许多事情、感受是很想跟父母说的。他对时间的流逝有各种各样的感受，有欢乐、有苦恼、有喜悦、有悲伤。这些没有功利性的感性认识可以帮助他更深刻地了解时间管理的重要性。然而，如果父母没有给予应有的重视或掌握不好沟通的火候，甚至有的父母认为对孩子唠叨一顿就是沟通的话，后果就会很严重。

当孩子想要沟通时却总得到消极回应，次数多了，孩子对想要沟通这件事就容易产生逆反心理。虽然父母相信孩子长大后，是能干成事的，但如果父母不去倾听孩子的感受，而是一意孤行地、强行给孩子规划时间安排，那么孩子就可能越来越爱拖延。

除了和孩子沟通交流、了解他们的成长情况外，鼓励也是养育孩子最重要的一方面，每一个孩子都需要不断地鼓励。许多父母错误地认为孩子需要的是教育，而教育更多的是训导与惩罚。鼓励是什么，他们不了解，也不在乎，因此有许多打击孩子自信心的事情发生。成年人在无意中给孩子设置了许多障碍，而不是帮助他们。

孩子刚开始尝试做事，不可能不犯错误。孩子对时间的观念是慢慢形成的，一开始的规划或许会很幼稚，让父母啼笑皆非。此时父母的态度很重要，绝不能让孩子在脑中留下自己是个笨蛋的印象。因为这样会使孩子产生一种自卑心理，严重的会使孩子不再尝试和进步，以至于掌握不了时间规划的观念。

正确的做法是，在孩子犯了错误的时候，父母要告诉孩子，他只是缺乏技巧，这种技巧父母没有很好地传授或他还没有学会；要鼓励孩子，告诉他，他做得很好。

父母应该培养孩子勇于改正错误，敢于从失败中获取成功，获取自信和自尊心的能力。不要讽刺孩子，当然，也不要过分赞扬他。要使孩子始终充满自信地活着。

莉莉去参加跳水比赛，拿到了第五名的成绩，然而莉莉很沮丧。

爸爸带着莉莉回家了，总结了这次比赛好的地方与不好的地方。

爸爸拿着iPad播放莉莉跳水的视频。

几个月过后，莉莉去参加跳水比赛，取得了第二名的好成绩。

第二章

第1步：帮孩子建立时间观念

　　孩子眼中的世界就像童话般美好，父母可以通过日常生活中的小细节来帮助他管理时间。但千万不要急功近利、操之过急，要慢慢地引导他，如春风化雨般，为他提供成长需要的空间和机会。

　　尽管孩子在尝试新鲜事物时可能会失败，但每次失败都是一次学习的机会，在不断摸索的过程中，他会逐渐成长。在孩子的成长过程中，我们可以逐步帮助他学会自我时间管理。

一、了解孩子眼里的时间

从出生的那一刻，我们就与时间链接，此后要用一生的光景来调整对它的感知。孩子对时间的感知能力是指他对时间的理解和认识能力，这种能力会随着年龄增长而逐渐增强。

1. 0~3岁，建立初步的时间印象

很多父母可能觉得1岁以内的宝宝没有任何时间观念，因为睡觉时间不固定、喂奶时间不固定，连换尿布的时间也是随机的，所以凌晨2点和下午2点对宝宝而言，并没有什么区别。然而，研究表明，婴儿已经有能力识别事件之间的区别了。这种能力会随着其作息的逐渐规律而越发明显，宝宝对时间的感知也由此逐渐发展起来。到8个月的时候，宝宝已经对事情的先后顺序有了认知；15个月的宝宝已经能够了解自己生活的常规步骤了；22个月左右时，宝宝的时间观念有了极大飞跃，已经能明确地区分白天和黑夜；3岁左右的孩子，大致上掌握了"过去"的概念，已经能

理解"昨天""今天"和"明天"，但是，他们仍然可能把过去的任何事情称为"昨天"发生的事情，他们还了解与近未来有关的一些基本区别（如现在、不久和以后的区别）。因此，在早期，父母的一些口头指令（例如，"马上""还没有""几分钟后"）在帮助低龄孩子建立时间感知方面起着至关重要的作用。

2. 3 ~ 6岁，在具体体验中感受时间

对于学龄前的孩子来说，时间更加具体，他们会有基本的时间概念，如早上、中午和晚上。他们会开始学习使用时钟和闹钟，并且能够理解某些时间概念，如一天24小时，一星期7天。近代著名的儿童心理学家皮亚杰认为，3 ~ 5岁的儿童已经初步具备了理解时间先后顺序的能力，即初步具备时序知觉，但尚不具备对时间进行逻辑推理的能力，因此，无法准确评估时间。这一阶段，孩子对时间的感知很大程度上依赖于外在环境的变化，以及体验具体情景带给他的感受。如果让一个3岁的孩子尝试把同样数量的磁吸片和木块放进收纳盒里，他会认为收纳木块花费的时间要比磁吸片更长，仅仅是因为木块更重一些。

这一阶段的孩子往往只有在被迫注意到时间的时候才会主动预估时间，比如，根据自己活动（比如玩玩具、看动画）所需的时间长短来体验时间，或者在需求没有立即得到满足时通过等待来体验时间。然而，在日常大多数情况下，时间对孩子来说似乎并不重要。这也就解释了，为什么在送3岁的孩子去幼儿园时，面对焦虑的孩子，父母说"午饭前就来接你"对孩子的安抚效果要远远好于"两个半小时后就来接你"。因为这一阶段的孩子对时间的感知和理解主要依靠具体的场景、事物或者主观感受等。

3. 7 ~ 8岁，时间管理能力开始形成

随着孩子长大，他对时间的理解会变得更加复杂，他会开始关注过去、现在和未来，并且学习使用日历。随着抽象思维能力的发展，孩子7岁左右时对时间的感知和判断将会有所改善。

进入这一阶段，孩子的学业任务越来越多，他不仅要继续保持良好的作息习惯，还要学会借助一些简单的工具，比如，课程表、计划表等来帮助自己理解并合理分配时间。这意味着，孩子已经开始使用时间管理工具去解决实际问题，也意味着孩子时间管理能力开始形成。

4. 9 ~ 10岁，合理规划时间，自主管理时间

等到9岁左右，也就是自小学三年级开始，孩子已经能够熟练地进行基础的加减口算，他们可以自如地对时间长短进行判断、比较等，并进行一些合理的时间安排和规划。当然，8岁的孩子也有能力操作基础的数学运算，但除非有成年人的引导和指示，否则他们不太可能自发地进行时间管理。

三、四年级的孩子，已经有了自我独立的需求，也有了学习和生活的目标感，这种目标感预示着孩子对短期计划和长期计划的需求出现了。也就是说，此时，孩子有了根据自己的情况，自主进行时间分配、规划的需要。

二、孩子始终在摸索中成长

很多父母可能会很急切地想教会孩子准确地认知和表达时间，但是，帮助孩子掌握时间概念并非一朝一夕之事。时间感知能力的培养应当建立

在有意识地创造机会让孩子不断地感受和体验时间的基础上，进而在不断地摸索中逐步成长。

针对学龄前的孩子，父母要将重心放在帮助孩子建立生活规律上，并逐步引导孩子明确其一天所做事情的具体时段和用时长短，这可以提升他的时间感知能力。合理的生活规律不仅可以帮助孩子养成良好的生活习惯，还有助于其理解自己生活的节奏、秩序，知道哪件事先发生，哪件事后发生。

在平时的生活中，父母可以有意识地使用一些与时间有关的词语。针对一些多步骤的操作，比如洗手、组装玩具等，可以使用诸如"首先""之前""之后""接下来""然后"等引导词语，以帮助孩子理解先后顺序的概念。需要注意的是，学龄前的孩子尚不具备抽象时间概念的理解和表达能力，因此父母应尽量避免使用像"15分钟""1小时"这样的抽象数字表达时间，而应该多使用具象化的时间描述，例如，"午饭后""爸爸下班回来时"以及"睡觉前"，这对孩子来说要比"几点几分"好理解得多。

步入小学之后，孩子的学业负担也随之而来。自此开始，学习将占据孩子的大部分时间，因此，父母应该将重心放在对孩子学习时间的管理和学习习惯的培养上。父母可以根据自己孩子的情况，采取一些有效的方式来引导孩子，使其提高学习效率，排除干扰、化繁为简、化苦为乐，让孩子在完成学业之余还有时间进行放松和休闲。

在孩子的成长过程中，父母可以根据孩子的兴趣和需要采取不同的培养方式，分阶段、分步骤地逐步引导孩子进行自我管理、独自规划时间并完成自己的计划。在日常生活中，父母可以放手让孩子尝试着管理自己的事情，比如，让孩子自己收拾房间、做作业等。孩子会学会如何在有限的

早晨，妈妈把做好的早餐
端到餐桌上，叫莉莉吃早餐。

妈妈一边收拾桌子上的碗筷，
一边和莉莉解释说明半小时是多久。

晚上，妈妈让莉莉上床睡觉，但是莉莉还想再看
会儿漫画书。妈妈让她再看半小时后睡觉。

到了学校，老师教大家学折纸。

时间到了，老师让大家体会一下十分钟能折多少个。

时间内完成任务，这可以帮助孩子增强对时间的感知，提高孩子独立思考和解决问题的能力。

需要提醒父母的是，亲身体验，对孩子的成长来说至关重要。在培养孩子时间管理能力时，父母需要给予孩子足够的空间和机会去探索和体验，切忌过度干预孩子的探索过程，尽量避免代替孩子做本该他自己完成的事情。父母唯一需要做的只是站在孩子身后，在必要的时候及时给予孩子鼓励和帮助。

只有父母懂得适度放手，孩子才能有机会在一次次的尝试中，不断地进行自我调整、学习，取得进步，最终具备时间管理能力。

三、感受时光的流逝

父母可以尝试画一个特殊的时钟，在每一个重要的时间点上贴上对应的指示图片，比如，在早上7点钟标记早餐吃的鸡蛋，中午12点钟标记午餐吃的西蓝花，下午2点钟标记一个小枕头，代表孩子的午睡……以时钟的方式，将孩子一天的重要行程都标记出来，帮助孩子培养时间观念。此外，父母还可以用硬纸板做一个周历，帮助孩子制定一周中每天的计划，可以画图，可以贴照片，也可以让孩子自由发挥，根据孩子的意愿添加更多的事件。通过这种具象化的表现方式，孩子可以直观地"看到"时光的流逝。

一年四季和节气变化，可以让孩子切身地感受到时光流逝。春天，父母可以和孩子一起观察哪种花先开；秋天，一起观察树叶变黄、脱落的过程……这样，孩子就可以感受大自然四季轮替的过程。

周末的早晨，爸爸妈妈带着莉莉去公园露营。

到了中午，爸爸和莉莉在大树底下乘凉。

夏日里，妈妈买了一盆向日葵盆栽（小苗），放在阳台上。

向日葵小苗正在逐渐长大。

秋天到了，阳台上的向日葵果实成熟了。

父母也可以教孩子《二十四节气歌》：

一月小寒接大寒，二月立春雨水连；

惊蛰春分在三月，清明谷雨四月天；

五月立夏和小满，六月芒种夏至连；

七月大暑和小暑，立秋处暑八月间；

九月白露接秋分，寒露霜降十月全；

立冬小雪十一月，大雪冬至迎新年。

抓紧季节忙生产，种收及时保丰年。

即便没有这些丰富的节日活动，也可以通过一些生活细节，让孩子感受时节变化与时光流逝。比如，今天妈妈买了一株观赏向日葵栽在了花盆里，可以对孩子讲："向日葵的果实是在秋天成熟。"去菜市场采购应季的蔬菜、水果，这些带有季节色彩的事物，可以给我们每日的生活带来变化。

山中无甲子，寒尽不知年。父母这些"适应节令，应合节拍"的细节，能让孩子体验到时间的节奏，给孩子的心灵带来新鲜的养分。参与应季的活动，可以让孩子有一个充实的童年，对时间的感知进一步加深。

四、管理好时间是自己的事情

想要孩子主动学会自我时间管理，必须让孩子先理解时间是自己的，管理好时间是自己的事情。一旦孩子意识到"管理时间是自己的事情"，他就会主动行动起来，不再磨磨蹭蹭、拖拖拉拉了。

任何事情，都有其自然后果，有时是正面的，有时候是负面的。让孩子承担自己行为的自然后果可以有效地促使孩子进行自我学习、自我纠

莉莉已经上小学三年级了，但是仍然摆脱不了赖床的习惯。莉莉妈妈决定做出改变。

到了凌晨一点钟，莉莉还在看电影。

当天，莉莉拿到了妈妈写的假条。

放学回来的莉莉，和妈妈说了今天发生的事情。

正和自我领悟。这里的"自然后果"指的是事情发展的自然结果，是自动"嵌入"在特定情景中的，是无须人为干预便自然而然产生的。只有当孩子明白自己的行为会引发什么样的后果时，他才会懂得相关的道理。例如，孩子因为拖延时间而错过了另一件重要的事情，或者令他人失望了，这种自然后果可以让孩子感受到自己的时间管理对自己和周围人有直接影响。在此期间，父母要学着后退一步，让生活做孩子的老师。

莉莉已经上小学三年级了，但是仍然摆脱不了赖床的习惯。每天早上闹钟响过好几次，莉莉仍在被窝里磨磨蹭蹭起不来。莉莉的妈妈不希望女儿因为迟到而遭受批评，于是她几乎每天早上都要叫莉莉起床，连拖带拽地帮莉莉穿衣服、洗漱，最后，莉莉在妈妈气急败坏的抱怨声中坐进汽车，被妈妈送到学校。妈妈厌烦了莉莉的磨蹭，但是因为不希望女儿上学迟到，于是几乎每天都要经历这样一场消耗战。回家后，她只能一边筋疲力尽地清理战场，一边又默默祈祷第二天莉莉能够奇迹般地按时起床。

莉莉妈妈后来终于明白，自己的保护竟成了莉莉拖拉的帮凶。而莉莉妈妈之所以这么做，是希望保护莉莉不要受到来自外界的压力。然而，她这么做其实是害了莉莉。因为现实生活中，压力是不可避免的。后来，莉莉的妈妈改变了态度。她承认，管理好自己的时间应该是莉莉自己的事情。按时起床、按时上学是莉莉需要做到的事情，如果不及时帮助莉莉做到，慢慢她就会养成不尊重他人时间和日程安排的坏习惯。

改变认识后，莉莉妈妈做的第一件事情就是认真思考：莉莉是否缺乏规划和安排时间的能力？莉莉有没有意识到时间管理的必要性？经过反思，莉莉妈妈认定女儿并非不具备这种能力，只是认为自己没有必要管理时间，因为妈妈会主动当她的人形闹钟，并给她当司机。如此一来，莉莉就没有机会也没有必要去学习时间管理了。

孩子之所以没有学会对自己的行为负责，是因为父母的过度保护导致孩子没有机会体验到足够多的"因果配对"——自己的行为匹配对应的自然后果。父母出于保护孩子的意愿，往往会不自觉地帮孩子屏蔽掉一些负面的后果。换句话说，一直以来是父母在为孩子的不当行为承担责任，这使得孩子错失了根据后果调试自己行为的机会。相反，如果让孩子自然地体验到其行为的后果，感受到自然后果带来的压力，就能在很大程度上促进他的成长。父母的责任不是消除压力，而是尽可能使之既不太小而毫无作用，又不过大而造成伤害。

自那天之后，莉莉妈妈决定作出改变。一天，莉莉妈妈没有像以往那样催着莉莉起床、穿衣、洗漱等，而是按照计划忙着自己的事情，把莉莉的事情都交给她自己。可想而知，莉莉今天必然迟到。等莉莉怒气冲冲地跑来质问妈妈的时候，妈妈正平静地坐在电脑前打字，说："我们昨天已经约好了，从今天起，你得自己按时起床，妈妈不会再催你了。"这时，莉莉才彻底地明白是怎么回事了。

这时，莉莉有点慌了，带着哭腔问："妈妈，那我现在该怎么办？"虽然知道女儿此刻正惊慌失措，妈妈还是坐在原地，让女儿等待了几分钟。她明白，这焦灼的几分钟正是女儿在感受自己拖拉带来的自然后果的机会。随后，她对女儿说："现在，迟到已经是不可改变的事实了，我们来想一下有什么补救措施吧。"

莉莉说："妈妈，我不能无故迟到、旷课呀！求求您给我写一张假条吧。我保证，今天缺的课，我自己找时间补上。以后我一定按时起床，不让妈妈催我、等我了。"

当天，莉莉拿到了妈妈写的假条。自那之后，妈妈没有再催过莉莉起床，莉莉也没再迟到过。

莉莉妈妈的做法非常明智，她不再过度保护女儿，而是选择按照自己的计划做自己的事情，只是事后和孩子一起商量对策，并帮助孩子写假条给老师。自然后果会告诉孩子，时间管理是自己的事情，应该由自己负责。

让自然后果生效，是孩子成长过程中必要且无比重要的组成部分。自然后果可以让孩子自然形成自律、自立和责任感，前提是父母不过度干预。唯一的例外是，孩子真的面临危险。除此之外，父母就不应过分插手。要做到这一点不容易，需要父母具有强大的洞见能力和超强的自我克制能力。然而，这并不意味着父母就无能为力了。在平时，父母可以将精力倾注于帮助孩子发展出更好的生活技能，以自如地应对其行为产生的自然后果。

五、让孩子明白守时是美德

守时是一种尊重他人时间的表现，每个人的时间都很宝贵，按时赴约是一个人基本的道德品质。当孩子明白守时的重要性时，他就会意识到自己的时间和他人的时间是同等重要的。他会学会尊重他人的时间，不会让别人为自己的迟到而等待。守时也是一个人责任感的体现，当约定好时间后，就应该认真负责地对待自己的承诺，并按时赴约。培养守时的品德不仅可以督促孩子在日常生活中积极主动地规划和管理自己的时间，还能帮助他在人际关系中赢得尊重和信任。

父母需要让孩子明白守时的重要性，可以通过多种方式来帮助孩子养成守时的习惯。

妈妈来到大树底下催莉莉赶路。

莉莉和爸爸妈妈准时到达了游乐园的停车场。

第一，父母可以通过言传身教来教导孩子守时的重要性。父母可以告诉孩子，按时赴约是一种美德。父母要从自身做起，将守时的原则落实到日常生活中，和别人约好时间，就要准时赴约。父母要让孩子明白，每个人的时间都很宝贵，守时是一种尊重他人时间的表现。

第二，可以在家里设置一个"约定日历"，以标注重要约定和其他日程。这样一来，孩子就能学会如何做好计划，按任务的轻重缓急提前安排好时间，从而避免因遗忘而失约。

第三，引导孩子提前为赴约做好详细的出行规划，包括事先准备需要的物品、规划当日的出行路线、预计花费的时间等，并预估当日的到达时间，这样可以避免因为过早或过晚到达而导致的不必要的时间浪费。

第四，提前10分钟到达。比如，孩子与朋友约定上午9点钟一起看电影，那么，父母可以建议孩子将自己的到达时间设置为8点50分，并以此为依据规划出发时间。这样做可以有效避免因为交通问题或者其他突发状况而迟到。

六、为孩子创造机会和体验

我们已经了解到时间管理能力不会自发形成，需要经过科学的培养，逐步建立起来。那么这就意味着，父母在培养孩子时间管理能力的过程中，拥有得天独厚又至关重要的作用。那么，父母如何才能更好地发挥作用呢？在此，提供以下几个角度供父母们参考。

第一，在日常生活中，父母要养成惜时、守时的好习惯，给孩子做好榜样。

就孩子的时间管理能力培养而言，父母言传身教的力量不可小觑。孩子是通过观察来学习的，他会受到周围环境和人的影响，而父母是孩子最重要的学习对象。当父母养成了惜时、守时的好习惯，孩子也会模仿父母的行为并习得父母的时间管理习惯。

具体来说，父母可以在自己的时间管理上下功夫，例如每天安排好时间表，按时完成工作和任务，遵守约定时间，不迟到也不早退。同时，父母还可以通过言传身教，来教导孩子如何合理地安排时间，如何做好时间规划等。通过身体力行和口头指导的结合，父母可以帮助孩子更好地理解时间管理的重要性，并使其逐渐养成良好的时间管理习惯。

第二，创造机会让孩子体验父母紧张有序的工作节奏。

条件允许的情况下，父母可以创造机会让孩子体验紧张有序的工作节奏，这样可以让孩子了解成年人的工作和生活是紧张且有序的。父母可以在孩子的陪伴下工作，在孩子面前展示自己的工作计划表，并且向其解释自己如何在有限的时间内完成任务。同时，父母可以鼓励孩子在完成家庭作业和其他任务时采用类似的方法，并且给予他在完成任务时所需的支持。

通过这种方式，孩子可以学习如何制定和执行计划，并且能够更好地掌握时间管理技巧。这不仅有助于提高孩子的表现，而且还可以帮助他在未来的职业生涯中取得成功。除此之外，父母自己也能够从这些方式中获益，不仅能更好地掌控自己的时间，也能为孩子树立更好的榜样。

第三，父母要实现从榜样到教练的转变。

父母要以身作则，为孩子树立可以学习和模仿的榜样，与此同时，父母还需要充当教练的角色，在必要时给予孩子及时的辅助和支持。比如，帮助孩子制定时间表、规划时间等，教导孩子如何利用时间有效地学习并完成任务。

第四，父母还要给予孩子充分的空间和自由，使其掌握时间管理。

这意味着，父母要定期对孩子的时间管理能力进行评估，随着孩子的时间管理能力逐渐提高，父母应该有意识地逐渐减少对孩子的干预，让孩子能够独立管理自己的时间。

第三章

第 2 步：指导孩子学习时间管理的技巧

有效的时间管理不仅可以提高孩子的学习效率，还可以帮助他在生活中合理安排时间，在日常任务和娱乐活动中把握平衡，进而培养他的独立性和自我管理能力。

古人有言："工欲善其事，必先利其器。"在培养孩子时间管理能力时，不妨逐步引入一些时间管理技巧和方法。通过指导孩子有意识地将这些技巧和方法融入学习和生活中，孩子的时间管理能力将会有较大的提高，从而达到事半功倍的效果。

一、一日时间：了解自己的行动

对于孩子来说，规划一天的时间就像是规划一张地图——指引他们迈向成功的道路。孩子如果能够清楚地了解自己的时间安排，就能够更好地分配时间，更有效地完成任务。

越早开始训练孩子的时间管理能力，见效越快。孩子在年龄小的时候，更容易接受新的思维和习惯。而且，如果孩子能够在早期养成良好的时间管理习惯，那么他在成长过程中就会更容易适应时间的限制，更容易达到自己的目标。

通过记录和规划一天的时间，可以帮助孩子了解自己的行动，孩子能够了解自己一天中有哪些任务需要完成，以及每项任务需要花费的时间。这样，他就可以对自己的一天有一个全面的了解，从而更好地掌控自己的时间。

1. 每日活动有记录，时间花费看清楚

记录时间是帮助孩子培养更清晰的时间观念的一种有效方式，它可以让孩子认识到一定长度的时间是什么感觉，同时用时间长度来衡量自己生活的许多方面，从而初步建立起管理时间的意识。

记录时间的方法：将每天的活动——从早上起床到晚上睡觉，都记录下来，让孩子预估一下他认为某些事情（如穿衣服、刷牙、吃饭等）需要多长时间。然后，用计时器或手机记录他完成这些事情实际所花费的时间，并将这两个时间进行比较。父母还可以引导孩子有意识地对比用时较短的动作（如穿鞋和系鞋带）与用时较长的动作（如洗澡）。

事件	预估时间	实际时间
穿衣服		
刷牙		
吃饭		
读一篇课文		
看动画片		
洗澡		
其他		

除此之外，父母还可以让孩子帮着做一些简单的家务，以此培养孩子的时间意识。比如，通过遛狗，让孩子了解路程与时间的关系。事先用电子地图查一下，在小区步行一圈是多少米，大概需要多少时间。通过这些概念的强化，可以培养孩子的时间意识。

2. 饼图时间表让时间漏洞无处逃

在跟踪记录一日规划一段时间后，孩子便能很好地了解自己的一天有哪些常规事项，做某项任务需要花费多少时间了。这时，便可以让孩子尝试利用饼图时间表来管理自己的一天了。

具体操作方法如下：

第一步，制作一张饼图时间表，如下图。

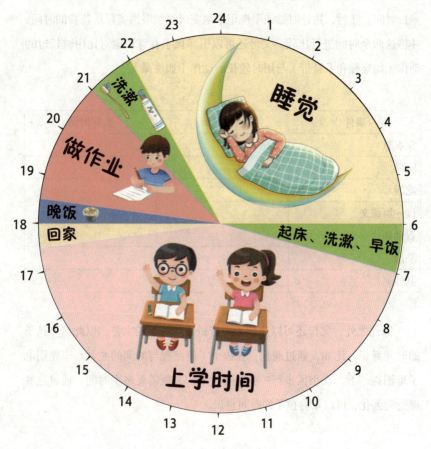

第二步，找一张纸，列出每日的任务。该列表包括每日的常规任务（参考一日规划的记录）和临时计划或约定。

第三步，预估每项任务所需时间并将任务分别规划进饼图时间表中。父母可以引导孩子使用倒推时间法，来确定某个时间段内安排哪项任务。比如，假如孩子5：30放学回家，晚上9点睡觉，这之间有3个半小时。其中，回家后休息半小时，吃饭半小时，阅读半小时，那么还剩两个小时，孩子就可以用这两个小时来安排做作业、玩耍以及其他的事情，同时做好记录，以便之后复盘。

第四步，约定好完成时间并作出承诺。孩子制定任务规划时，父母应该鼓励他认真思考完成任务所需的时间，并与他约定好完成时间。作出承诺，会让孩子产生一种责任感，有助于他按时完成任务。当孩子按时完成任务时，父母应该给予鼓励和表扬，这样可以强化孩子的责任感和纪律性。如果孩子未能按时完成任务，父母可以引导孩子反思原因，并帮助他在下一次规划中更好地预估时间。

第五步，定期评估并调整。孩子可以每周或每月定期评估饼图时间表，以确保自己的时间管理有效。如果他发现自己的时间分配不当，例如玩耍时间太多，写作业时间不够，他就可以调整自己的饼图时间表。父母也可以帮助他评估任务是否合理，并提供建议。

通过使用饼图时间表，孩子可以清晰直观地感受到一天24小时的时间是如何被分割成各个部分的。当将既定任务填入饼图时间表后，表中所剩下的少量时间会让孩子意识到时间是有限的。在不断地规划和训练中，孩子会学会如何更高效地对任务进行分类，并提高时间分配的效率，减少表格中的时间漏洞。

傍晚，轩轩背着书包走在放学回家的路上，妈妈给轩轩打了一个电话，询问他还有多久能到家。

妈妈让轩轩去附近超市买一包食用盐回来。

轩轩一边拎着食用盐走在回家的路上，一边看智能手表上的时间。

妈妈接过食用盐，并询问买食用盐用了多长时间。

在整个训练过程中，父母需要谨记"抓原则，放细节"的方略，有意识地把时间管理的主动权交给孩子。父母只需在原则问题上守住底线，比如，每天晚上9点需上床睡觉以保证睡眠时间。对于一些非原则性但又必不可少的任务，比如运动、写作业、阅读等，在孩子上低年级的时候，父母可以和孩子共同商量出比较合适的时长，但是具体安排在哪个时间段，可以由孩子自己决定；等到孩子具备一定的能力时，只要不是原则性问题，父母可以大胆放手，让孩子自主规划，主动开动脑筋去思考如何更好地管理自己的时间。

二、打卡记录：进步肉眼可见

在培养孩子时间管理能力的过程中，一个必不可少的步骤就是复盘。这就需要借助打卡表。打卡表的意义在于让孩子能清楚地感受到自己的进步。每当完成一件事，就可以把那件事"划掉"，每划掉一件事，整个人都会感到神清气爽。而这份成就感，也能成为督促行动的利器。

通过打卡记录，孩子可以直观地看到自己每天的进步，这对于提高孩子的自信心和成就感非常重要。打卡记录还可以让孩子对时间和任务有更加清晰的了解，并通过反复检查，对自己的表现进行评估和反思。

可以使用特制的便笺来制作打卡表，比如，用一张A4纸的一半，作为打卡表的便笺。

每一张这样的便笺纸，可以分为左右两部分。左边写自己的目标，也就是必须完成的、能带来成就感的任务，比如做完一套模拟测试等，一次只写一件事。在便笺纸的右边，写那些不得不处理的杂项，比如浇花等日常流水账。制作完成后，把这张便笺纸固定在显眼的位置。

也可以用不同的颜色来区分"目标"和"必做杂项"。这样一来，"想要做的"和"不得不做的"事项就一目了然了。

养成打卡的习惯，可以从简单任务开始，逐渐过渡到复杂任务。比如，可以从购物清单、旅游清单开始。需要采购什么，列一张清单，和孩子一起开开心心逛商场。假期，可以一起列个旅游计划清单，孩子会乐于参与其中，积极准备。

定期复盘的时候，可以引导孩子思考以下几个问题：

1. 在过去的一周里，我在哪些事情上投入了最多的时间？

2. 在哪些事情上的时间投入可以进行调整？

3. 哪些事情是我计划要做但没做的？

4. 这一周的整体时间利用率如何？

孩子读小学之后，需要处理的事情会越来越多。不仅要完成学校的作业，还要参加各种活动。这个时候，打卡会自然而然成为孩子的一种时间管理工具。

最后，值得一提的是，不仅孩子要学习使用打卡记录，父母也可以使用打卡来做记录。鼓励父母使用自己的打卡表，主要不是针对时间管理，而是用来记录孩子成长和实践过程中的闪光点。一方面，通过记录可以留下有关孩子成长的宝贵记录，更重要的是，通过发现孩子的闪光点，父母可以及时给予孩子看得见的鼓励和支持。通过这种爱和理解的互动，亲子关系也会更加健康、亲密。

三、时间分类：针对性的时间管理

未接触过时间管理相关知识的父母，在刚开始管理孩子的时间时，可能会毫无头绪，不知从何处下手。为了方便快速入手，父母可以尝试从孩子生活中的"蛛丝马迹"——一些重复和规律的时间——入手。我们在一天中会做很多事，但是总有些事情是每天都会做的，比如看书、运动等，甚至是每天会在固定的时间重复做，比如起床、吃饭等。父母可以依据孩子的一日时间记录或者饼图时间表，对孩子的时间进行分类，有了清晰的分类之后，便可以对每一种时间类别进行针对性的时间管理了。

一般而言，我们可以将孩子一天中需要进行管理的时间分为三大类：固定时间点的时间、固定时间段的时间和自由时间。

固定时间点是指某重复性事项发生的时间，且对时间的准确性要求比较高。比如，每天起床的时间、上学的时间、睡觉的时间等。这些固定时间点的时间可以帮助孩子养成良好的作息习惯，有助于身体健康。

对于固定时间点的时间管理，父母可以制定一个固定的日程，让孩子了解每天需要做什么事，以及每件事需要花费的时间。这样可以让孩子有相对稳定、可预测的生活秩序，为孩子身心的健康发展提供保障。

固定时间段是指完成某重复性事项需要固定的时间长度，但对具体时间点要求不高。比如，每天阅读半小时，每天写作业1小时等。这类事项不拘泥于具体时间点，而是强调完成度和持续的时间长度。这些固定时间段的时间，能够帮助孩子养成良好的学习习惯。

对于固定时间段的时间管理，父母可以引导孩子通过一日规划或者饼图时间表进行合理规划，并利用打卡表来监督计划的执行。

自由时间是指没有固定活动安排的时间，这是孩子最喜欢的时间，他可以自由支配和安排自己的时间。在这段时间内，孩子可以选择自己喜欢的活动，例如玩游戏、阅读、画画等，并且可以自由安排时间的长短。

对于自由时间的管理，父母可以规范和引导孩子的安排，鼓励孩子参与有益的活动，避免其在这段时间内过度沉溺于一些不健康的活动。自由时间可以让孩子在自由的探索和学习过程中，拓宽对生活和世界的理解。

通过分类管理孩子的时间，能够帮助孩子培养时间管理能力，学会利用时间，完成各种任务，同时也有利于全面发展。

四、时间银行：时间凭证提升干劲

时间是看不见、摸不着的，而"时间银行"则可帮助孩子将时间变得可视化，理解"时间就是金钱"的内涵。

时间银行是一种有趣又有效的时间管理工具，它通过记录和分配时间来帮助人们安排和管理时间。它将时间分配为可交换的单位，类似于银行的存款和提现，允许"用户"更有效地安排和管理他们的时间，并专注于重要的任务和活动。

第一，时间银行是一个简单易懂的概念，能帮助孩子更好地理解抽象意义的时间。

第二，时间银行充满趣味性。它可以通过模拟生活中的真实情景来吸引孩子的兴趣，让他更容易坚持并学习有关时间管理的重要知识。

第三，时间银行可以增强孩子的目标感和责任感。一旦设立目标，时间银行就可以激励孩子有效地利用他的时间，并专注于重要的任务和活动，

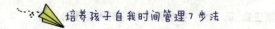

对自己的时间负责。

第四，"时间凭证"是对孩子守时行为的奖励，这种奖励来自孩子付出的努力，奖品也可以是自由支取的时间。这种奖励方式更能够让他意识到时间管理的主体和受益者都是自己，从而激励和强化他的时间管理行为。

在孩子 6 岁以前，父母可以采用更加具体、形象化的方式——用小彩球或者弹珠代表时间。存起来的彩球或者弹珠就是孩子存储了时间的最好证明。孩子也会因为看到时间银行里的彩球或弹珠日渐增多而干劲满满。当孩子的储蓄达到一定数量时，父母可以给孩子制作一张充满仪式感的时间凭证，并与孩子一起商量如何将这种时间凭证兑现，以奖励孩子的努力。

孩子上小学以后，父母可以采用"时间积分制"：在孩子保质保量完成任务的前提下，按照事先商定好的规则，孩子可以获得一定的时间奖励，并将这个时间存进时间银行。比如，孩子按时起床，可以得 5 分，而某天偷懒赖床了，则扣 5 分；孩子按时完成作业，可以奖励 5 分，而在没有特别原因的情况下，未完成作业则扣 5 分……孩子可以随时统计自己的积分，也可以给自己设定目标，达到目标后领取时间凭证，并用其兑换愿望。比如，用面值 30 的时间凭证可以申请买一本新书、面值 200 分的时间凭证可以换取一张游乐园门票等。这样一来，孩子可以很清晰、直观地感受到规划时间给自己的生活带来的益处和乐趣，他们也更有动力和信心去做自己想做的事情。

五、四象限法：多项任务排排做

孩子在不同年龄阶段对于任务的重要性和紧急程度的认识有差异。越年幼的孩子往往越不能很好地为任务优先级排序。通过提高孩子对事物界限的区分能力，可以帮助他避免因急于处理事情而出现"眉毛胡子一把抓"的情况，也能逐渐增强他做事的条理性。

进入小学后，孩子必须学会在各项任务间做出优先级的选择，即哪些事情是必须做的，哪些可以放一放。有时候，父母可能不同意孩子的排序，比如，孩子只写了想做的事，或者先去做那些不是最重要的事。在这种情况下，父母应该给予孩子必要的指导，使孩子明白事情有轻重缓急之分。在做任何事情之前，一定要根据事情的轻重缓急进行任务的排序。那么，该如何去做呢？

时间管理优先矩阵——也就是我们常说的"四象限法"——就是根据事情的轻重缓急进行排序。事情的轻重缓急本质上就是对事情的时间管理。根据该矩阵，我们可以把事情按照紧急性和重要性分为四种不同的类型：重要且紧急、重要但不紧急、紧急但不重要、不重要也不紧急。

如何帮助孩子理解上述四种类型的任务以及如何区分紧急和重要程度呢？

第一，重要且紧急的事。这类事情往往与短期目标相关，尤其包括那些必须当日完成的任务。诸如课堂笔记整理、准时完成每日作业、找老师解决疑问等。对于第一象限的任务，父母需要提醒孩子这类事情的重要性——最好马上去做，越快完成越好。

第二，重要但不紧急的事。这类事情往往与长期目标有关，不必当日完成，但有一定的时间限制。比如，学校规定的阅读书目、钢琴考级、学习一门外语等。对于第二象限的任务，父母应该和孩子一起制订好计划，然后按照计划逐步地处理。

第三，紧急但不重要的事。这类事情会让我们产生"这件事很重要"的错觉——实际上完全可以找人代劳，比如，临时需要打印材料时，因为时间紧急，可以找人帮忙。还有如回短信、接电话这类事情，看似紧急，但是重要性并没有想象中那么高。

第四，不重要也不紧急的事。这类事情什么时候做都可以，即使不做也不会有什么影响。比如，看视频、跟朋友打电话聊天、玩游戏等。

需要注意的是，并不是所有的孩子都能够明白，时间和精力是有限的，要集中精力优先完成最重要的事情。事实上，很多大人也时不时会把最重要的事情拖到最后去做。对于刚开始尝试时间管理的孩子，父母可以示范如何把每个任务分配到四象限的合适位置，并让孩子学习如何在不断变化的任务中调整他的时间管理计划。如果在行动之前，孩子能够建立清晰的任务优先级排序，那么，执行时则会事半功倍。

父母想要培养孩子的判断力，就要学会适当地放手，让孩子自己去摸索，哪怕偶尔走弯路。对事件和任务的优先级排序可以折射出孩子最关心的事。有时候，在父母看来是无足轻重的事情，在孩子看来却是头等大事。比如，孩子可能认为，和朋友踢足球这件事就是当下最紧急、最重要的事情。这种意见的不一致是大多数父母在培养孩子判断力的过程中都会遇到的难题。此时，父母一定要耐心倾听孩子的排序理由，避免把自己的意志强加给孩子。孩子会从父母对自己的认可和接纳中获得巨大的鼓舞和支持，也会更愿意听取父母的建议，从而进行主动反思。

放学后，小明在房间里很苦恼，不知道先学习还是先玩。

你可以把你今天要做的事情，一个一个写在纸上，列出一份清单。

妈妈，今天我要复习算术和画画，用玩具手枪练习射击、和朋友踢足球、看动画片。

小明不知道怎么安排时间，就去寻求妈妈的帮助。

小明把清单列好了，拿给妈妈看。

小明和小伙伴们在操场踢足球。

六、习惯培养：巧用习惯追踪软件

我们生活在一个科技的世界里，这在孩子身上体现得很明显。今天，许多学龄期儿童都可以熟练地检索信息，用手机拍摄小视频，将手机连上家里的智能电子设备，以及将手机投屏到家庭电视上。也许，对孩子而言，智能电子设备并非只有消极作用，要善于利用其积极的一面。比如，使用一个习惯追踪软件可以帮助孩子轻松地进行自我习惯管理和塑造。

习惯追踪软件可以让孩子直观地看到自己在一天、一周或一整个月内所做的一切。让我们看看这类软件能帮助孩子做什么？

（1）激励。使用习惯追踪软件将有助于振奋孩子的精神，让孩子知道自己正逐步朝着自己的期待前进。每当孩子在软件上设定一个目标，并且完成它之后，那种直观的、视觉化的、即时的正反馈会激励孩子继续下去。我们都知道，坚持的一大动力，是这件事情令人愉悦，而最令人愉悦的感觉之一就是进步的感觉。

（2）定时提醒。习惯追踪软件也能起到很好的提醒作用，提醒孩子应该在什么时间做什么事情。作为父母，不必再事必躬亲，只需要提醒孩子设定学习、睡觉和玩耍的时间。一旦孩子开始自主决定、自主管理，那么，目标实现的可能性也会增加。

（3）成就感和满足感。当看到自己一路取得的成就时，孩子会感到满足和自豪。

例如，软件中记录运动步数的功能，尽管它只是一个运动记录工具，但却有可能让孩子从此爱上锻炼身体，如步行或慢跑。运动可以增强体魄，提高专注力和意志力，在学业上也能带来更好的效果。此外，每天软件中的运动排行榜会公布，孩子在察看榜单时，大脑会分泌皮质醇，这种激素会刺激人的竞争意识，增强个体对挑战和胜利的渴望。当孩子看到自己的好友排在自己前面时，就有一股无形的助推力量促使他继续坚持运动。当孩子的名次靠前，大脑就会分泌多巴胺——一种"晋级型奖赏"，并产生一种成就感和满足感。

孩子利用习惯追踪软件来塑造和培养习惯，就相当于同时培养了两个好习惯：一个是正在试图养成的好习惯；一个是追踪、记录它的习惯。

市场上有很多这样的软件，比如，运动软件、背单词软件、日记软件，甚至是喝水提醒软件，父母可以鼓励孩子选择合适的习惯追踪软件并坚持使用。

傍晚，莉莉放学回来很不高兴，妈妈看到她，问她怎么了。

妈妈蹲在地上，拉着莉莉的手告诉她要学会拒绝他人。

妈妈耐心地向莉莉解释她担忧的问题。

这次，莉莉鼓起勇气拒绝了他人。

第四章

第3步：培养孩子的良好生活习惯

孩子在日常生活中懒散、拖拉，坏习惯多，让父母既急躁又烦恼。

父母需要找到合适的方法，引导孩子高效做事，摆脱依赖性，克服赖床的毛病，改掉晚睡的习惯……帮助孩子逐渐培养良好的生活习惯。这是时间管理能力培养的重要课题之一。

一、孩子吃饭磨蹭又费劲

"开饭喽！"燕燕妈妈喊道。

"来喽！"爸爸回应道。

"知道啦，马上……"燕燕慢吞吞地从沙发上坐起来，眼睛并未离开手机。

"燕燕，别玩了！吃饭还不积极！"妈妈催促道。

"好啦，好啦，马上就来！"燕燕不情愿地起身走到餐桌前。

燕燕妈妈中午做了红烧鱼、豆豉鲮鱼油麦菜、番茄牛腩，还有素炒笋。面对一桌子香喷喷的菜，燕燕似乎不为所动，她用筷子扒拉着，只挑自己爱吃的。

妈妈见到燕燕一副拖拖拉拉的样子，问："怎么了，燕燕？饭菜不合你胃口吗？"

"妈妈，我刚才刷手机时吃了好多零食，现在一点都不饿，没胃口。"

燕燕说。

"妈妈辛辛苦苦做了这么多菜，你要尊重妈妈的劳动，别浪费。来！吃一块鱼。"爸爸边说着边夹了一块鱼肉送到燕燕碗里。

"爸，我吃不下。太多了！"燕燕说。

"怎么吃饭跟猫儿似的，你现在正长身体呢，得多吃饭。"爸爸鼓励地说。

"是呀，燕燕。你得多吃点，蔬菜也要吃，得营养均衡。"说着妈妈也给燕燕夹起蔬菜来。

在爸妈的"监督"下，燕燕硬着头皮吃起来。但是她实在不想吃，吃了几口就吃不动了。

"哎！你这样吃一口要嚼半年，这顿饭得吃到猴年马月呀！"爸爸实在看不下去了，训斥道。

"这孩子！饭要大口大口吃才香！"妈妈还想劝慰几句。

"哎呀，爸妈，我知道了！别再唠叨了！"燕燕不耐烦地说道。

可是，过去半个多小时了，燕燕碗里的饭还是没有见少。

对于吃饭磨蹭的问题，燕燕的父母真不知该拿她怎么办了。

像燕燕这种平时零食不断，正餐又挑食的孩子，让不少父母感到无能为力。为什么现在的孩子吃个饭那么费劲呢？一坐上餐桌就这不吃，那不吃，磨磨蹭蹭、一口饭能嚼半天，一顿饭恨不能吃一年。

如何才能让孩子好好吃饭呢？

第一，准时吃饭，不吃饭不能吃零食。

尽量将一日三餐的时间固定下来，大家要一起坐到餐桌前吃饭，而且要规定吃饭时间，超过时间就收拾餐桌。比如，父母可以规定一日三餐的时间分别为：早餐 7 点到 7 点半，午餐 12 点到 12 点半，晚饭 18 点到 18 点半。吃饭时间一到，全家人在餐桌边就餐。规定好吃饭的时间和规矩，比如，吃饭期间不准看手机，在全家人吃完并准备收拾碗筷的时候，如果孩子没吃完可以继续吃，但是一旦孩子出现玩手机、玩具或者其他与吃饭无关的分心行为，那么父母就可以拿走食物，结束用餐。在下一顿饭之前，没有加餐。通过上述方式，父母可以帮孩子逐渐养成按时吃饭的习惯。

第二，让饥饿感来调整孩子的食欲。

吃饭是人的本能，当孩子真正感到饥饿的时候，食欲自然会回归。在吃饭这件事情上，用命令、呵斥，甚至打骂的方式往往会适得其反。人为的干预会妨碍本能作用的发挥，因此，一定要让饥饿感发挥作用。此外，父母还可以带孩子多活动，增加孩子的运动量，以促进肠胃蠕动。等到孩子感受到了饥饿，食欲自然而然地便来了。

第三，让孩子参与做饭，调动积极性。

父母在准备食物的时候，可以邀请孩子做一些力所能及的准备工作，比如，洗菜、搅拌食材、准备水果拼盘等，孩子的积极参与行为会增加他对食物的关注度和热情，增加他的自豪感和成就感，进而让他学会享受食物、爱上吃饭。

第四，遵循"少盛多添"的原则。

父母在给孩子盛饭的时候，可以尝试"少盛多添"的方式。每次不要盛太满，这一点对吃饭慢的孩子尤其有效果。大多数父母会倾向于认为孩子吃得越多越好，所以总是习惯性地给孩子盛满满一大碗。然而，每次孩子看到一大堆食物，瞬间就会压力倍增，食欲也会因此受影响。所以，不妨尝试每次少盛一点，孩子吃完了，如果还想吃，可以再添。如此一来，不仅没有了视觉上的恐惧，而且"少盛多添"的方式也能让孩子有成就感。

二、孩子东西总是乱丢乱放

很多父母只关注孩子的学习成绩，却忽视了孩子的动手能力和生活习惯。他们试图通过包办一切，来为孩子节省时间，提高其学习成绩。但事实上，这种做法是错误的。孩子对物品整理的能力，反映了他对信息和知识的归纳能力。生活中的杂乱无章，也在某种程度上显示了学习时的逻辑混乱。

比如，当一个孩子能够把自己的书桌收拾得井然有序，这代表着他具备了良好的自我管理能力。如果一个孩子能够根据自己的需求在书桌上划分不同的功能区域，收纳好文件，整理好纸张，把笔装在笔筒里，不留下任何杂物，这说明他一定是一个行动有力、思路清晰的孩子。

整理物品表面上看是对实物进行管理，本质上反映的却是孩子的思维方式。这就是说，收纳整理与时间管理是相互关联的，都是对孩子思维的训练。在生活中，根据任务的重要性和紧急程度安排任务顺序，以及根据物品的使用频率确定物品的存放位置，是同样重要的。因此，父母可以通过培养孩子的整理习惯来提高他的思维管理能力。通过培养孩子合理安排物品的习惯，从物品的管理延伸到任务的管理，进而培养孩子的时间管理能力。

父母该如何帮助孩子学会整理和收纳，培养好习惯呢？

第一，父母要以身作则，示范正确的行为。

很多人认为，孩子的整理收纳能力会随年龄增长而自然增加，其实不然。孩子最初学到的收纳技巧都是源自父母的示范。如果缺乏父母的指导，孩子长大之后可能仍然对整理收纳一窍不通。比如，物归原位是收纳和整理的最初始训练。在日常生活中，父母要自觉地将用过的物品放回原位。不仅父母自己如此，清晨出门前，当孩子找不到某件外套，或者忘记戴帽子、带公交卡时，父母不应对孩子进行责骂，只需要告诉孩子下次应该如何做并示范正确的方式即可。重复几次，孩子慢慢就会对空间、归类和收纳有了认知，自然便学会了。

帮助孩子培养每日整理的习惯，可以从孩子生活的小区域做起，比如，家里的玩耍区、阅读区等。最开始父母要亲自示范，和孩子一起整理，慢慢地，每隔几天督促孩子自行整理，最后放手让孩子独自承担整理任务。

第二，给孩子介绍收纳整理的操作步骤。

总的来说，收纳整理可以分为5步：拿出来—分分类—减减负—收起来—记位置。

拿出来，是指为了让孩子知道自己有哪些东西需要进行整理和收纳。例如，孩子的房间有哪些物品需要整理？比如，玩具、衣服、文具和读物等。可以从小区域开始，比如要整理桌面时，就需要把桌子上的东西全部放入整理箱，这样，第1步就算完成了。

分分类，是指对物品进行分类。首先区分需要的和不需要的：需要的就先留下，不需要的就放在另一个箱子里。这一步骤的难点在于区分哪些是不需要的。父母可以引导孩子参考以下几个标准。

· 是否还在适用年龄段？

· 是不是超过半年没用过？

· 是不是不再需要了？

· 是不是不再喜欢了?

减减负,是指对不再需要的物品进行合理的处理以为房屋空间减负。比如,可以将旧衣物和读物捐赠出去,也可以将一些电子设备在二手平台上卖给需要的人。这样做不仅可以腾出空间,还能帮助孩子认识到很多物品是可以循环利用的。

收起来,是指对留下的物品进行进一步收纳。在这一过程中,可以参考两个标准:按类别收纳和让物品立起来。其一,按类别收纳,意味着要将物品进行分类,比如,彩笔、蜡笔和铅笔等书写工具放在一起;课本、读物和笔记本放在一起;耳机、数据线、充电插头等放在一起……这样的分类会更方便取用。父母可以购买一些不同颜色的收纳工具,以方便分门别类地放置不同物品。其二,收纳时要让物品立起来,就像书架上的书籍那样,互相不压制。这样,在使用时会更方便快速定位并获取对应物品。

记位置,也就是上文提到的物归原位。对于特别小的孩子,由于认知水平的限制,需要父母反复提醒。父母也可以给收拾完毕的房间拍一张照片,这样每次整理的时候,孩子就可以参照这个标准,就像玩“找茬”游戏一样,无论是对父母还是孩子,都十分方便。一旦收纳和游戏结合起来,孩子便有了积极性,可以在玩耍的过程中,慢慢掌握各种整理和收纳的小技巧。

第三,巧用清单整理书包。

物品清单是一种清晰明了的方式,可以帮助孩子整理自己的书包。父母可以和孩子一起制作一份书包内的必备物品清单,方便随时整理和检查。在制作物品清单之前,首先需要确定书包内需要整理的物品,然后将物品分类,例如课本、作业本、水杯、文具盒等。父母可以将清单印制成小卡片并塑封，再使用挂钩固定在孩子书包内侧。这样，每次孩子整理书包时都可以对照清单一一清点物品，以确保所有物品都装好带齐。

以上方法，可以帮助父母有效地培养孩子整洁、有条理的好习惯，增强他的自我管理能力，帮助他有条不紊地安排学习和生活，避免养成丢三落四、乱丢乱放的不良习惯。

三、孩子作息混乱又赖床

早上起床时，孩子总是磨磨蹭蹭不想起，叫了三四遍也叫不动，再叫就开始哼哼唧唧闹脾气，父母心急如焚，但始终无法破局；晚上到了睡觉时间，又迟迟不肯回房间睡觉，总是找各种理由能多拖一会儿是一会儿，等到孩子终于睡觉了，父母已经被折腾得筋疲力尽。

要想从根源上解决孩子的睡眠问题，需要了解为什么孩子会作息不规律。

通常来说，孩子的睡眠问题是由三个主要原因导致的。第一，孩子的睡眠时间不合理，例如，睡得太早或太晚。孩子需要适量的睡眠来保障身体和心理健康，如果孩子没睡够，起床自然就会很困难。第二，孩子缺乏作息习惯培养。孩子自控能力比较弱，在没有他人的帮助下，很难做到持续自律，很难养成规律的作息习惯。第三，父母自身的作息紊乱。也就是说，父母经常熬夜、晚起，作息不规律。孩子会效仿父母的行为，如果父母自身的作息不规律，孩子也很可能会有类似的问题。

那么，父母如何做，才能让孩子准时起床呢？

1. 睡眠时间要保证

父母要根据孩子的年龄，合理安排孩子的睡眠时间，保证孩子的作息时间一定要满足基本的睡眠需求。孩子精神饱满了，才能按时起床。

以下是 2015 年美国睡眠基金会《睡眠健康》杂志针对各年龄阶段孩子给出的睡眠时间建议。

年龄	最佳睡眠时间
0 ~ 3 个月	14 ~ 17 小时
4 ~ 11 个月	12 ~ 15 小时
1 ~ 2 岁	11 ~ 14 小时
3 ~ 5 岁	10 ~ 13 小时
6 ~ 13 岁	9 ~ 11 小时
14 ~ 17 岁	8 ~ 10 小时
18 ~ 64 岁	7 ~ 9 小时
65 岁以上	7 ~ 8 小时

由此可见，3 ~ 5 岁的孩子，每天至少要保证 10 小时的睡眠，而 6 ~ 13 岁的孩子，每天至少要睡 9 个小时。如果一个 11 岁的孩子晚上写作业写到 11 点，而其父母要求他每天早上 7 点起床，那么孩子可能就会赖床，因为他前一天实际上只睡了不到 8 小时。这样的作息安排很难持续下去，更不可能帮助孩子养成早睡早起的健康作息习惯。

很多研究报告都证实，睡眠时间不足、熬夜，是导致孩子学习成绩差的重要原因。小学生每天要保证至少 9 小时的睡眠时间。对于发育期的孩子来说，确保充足的睡眠时间很重要，必须在规定的时间上床睡觉。往后推 9 个小时，就是早上必须起床的时间。

2. 解释并强调规则

在确认了孩子的上床和起床时间后，父母需要向孩子解释作息时间表的设定原因和执行方式。要让孩子理解，规则的设定是为了他的健康发展，而不是为了满足父母的控制性要求。要求孩子早上7点起床是为了上学不迟到，晚上9点半之前必须上床睡觉是为了保证孩子获得现阶段身体发育所必需的睡眠时长。所以，在接下来的时间里，孩子就需要按照这个作息时间表规定的时间睡觉、起床。只有让孩子理解规则的制定原因和意义，孩子才有可能真正遵守规则，并逐渐养成好习惯。

要想让孩子的生活过得既健康又有规律，父母必须参与进来。孩子可以无忧无虑、自由自在，但不能没有规律。正是因为有"约束"和"不自由"，孩子在"自由"的时候，才会体会到非同寻常的快乐。

第一，晚餐绝不过饱，最好吃六七成饱，忌饭后饮咖啡、浓茶，更不宜吃油腻或煎炸等不易消化及辛辣刺激的食物。在睡前2~3小时不宜吃东西，以免影响入眠。如果孩子睡前确实肚子饿的话，可适当补充些牛奶、水果或者干果类等。

第二，做好睡前准备工作。父母监督孩子在睡觉前1小时内不看手机、iPad等电子产品。睡前使用电子产品会使精神处于持续兴奋状态，导致难以入睡。此外，睡前也不要从事过于紧张的脑力活动，父母可以引导孩子做一些松弛身心的活动，比如阅读、冥想或者听柔和抒情的轻音乐等。

第三，守住底线，坚持原则。规定了几点睡觉就要几点上床，无论任何理由都不能改变这一点。也许有父母会问，如果到了睡觉时间，孩子还没写完作业怎么办？答案是，到了睡觉时间就停止一切活动。如果孩子完不成作业，那么就让他自己去面对老师。事实上，孩子写不完作业并不是因为时间不够，而是因为父母没有坚守底线，孩子才会无限拖延。而且，作业量是否合理应该是老师思考的问题，父母不应该越俎代庖，最好的办法就是让孩子自己去跟老师解释，让孩子自己承担没有写完作业的后果，这样孩子才会主动调整自己的作息。

第四，设定早起闹钟，父母辅助叫醒。每天晚上，根据作息时间表设定好第二天早上的起床闹铃。年龄小的孩子可以由父母帮忙，年龄大的可以自己设定。这是保证孩子准时早起的第一步。另外，父母还应承担辅助叫醒的任务。因为对很多习惯养成中的孩子来说，单纯的闹铃并不能完全让他做到准时起床。父母可以在闹钟响后，到孩子房间，帮忙拉开窗帘，并提醒孩子还有几分钟就要吃早饭、出发去学校。对于一些严重赖床的孩子，父母可能需要强制他起床，一些学龄前的孩子，父母可能还需要帮他穿好衣服，将他带离卧室。一般而言，连续重复类似的起床步骤大约两周，孩子就可以养成准时起床的习惯。

对于个别作息严重紊乱、积习难改的孩子，父母可以利用自然后果来帮助孩子进行调整。当父母辅助孩子早起，持续一段时间一直不奏效时，可以考虑自然后果策略。在实行该策略前，父母需要提前告知孩子，比如，可以在前一天晚上认真严肃地对孩子说："从明天开始，爸妈不再叫你起床了，希望你能自己设好闹钟，并准时起床。要是你起晚了，爸妈也不会再主动叫你。万一上学迟到了，你需要自己去跟老师解释，并承担迟到的后果。"除此之外，父母可以提前跟老师打好招呼，如果孩子迟到，希望老师可以严肃地问责。一般而言，经历过这样的一次迟到后，孩子自己就会吸取教训，自觉做到按时起床了。

轩轩，你怎么睡着了，是不舒服吗？

爸爸走进轩轩的房间，看到他趴在桌子上睡着了。

我们平时强调努力学习，但是也需要休息啊，休息不好，学习也不会好，还会把身体弄垮了。你可以学习一段时间，休息几分钟，再学习一段时间。把握好学习的节奏。

爸爸，我集中不了注意力，就睡了一会儿。而且我最近上课的时候总是犯困，一到下课就很精神，这是怎么回事呢？

轩轩被爸爸叫醒了，把这段时间的学习情况告诉了爸爸。

晚上 11 点钟，听了爸爸的话，轩轩准时躺在床上，闭上眼睛睡觉。

睡觉……睡觉……一只羊，两只羊，三只羊……

四、一起制定家庭作息方案

有规律地过好每一天，是学会时间管理的第一步。然而，很多父母不是不懂得如何培养孩子，而是要求孩子的事情自己都做不到。父母的各种习惯，无论是好是坏，都会对孩子产生直接而深远的影响。因此，父母的作息规律对孩子良好作息习惯的培养是十分重要的。当父母的作息不规律时，孩子的生物钟会很容易受到影响，就会导致睡眠不足、疲劳或焦虑等问题。这不仅会影响孩子的学习效果，也会对他的健康造成不利影响。

为了让孩子养成早睡早起、不赖床的好习惯，父母要以身作则，做好榜样。父母不能在晚上哄骗孩子去睡觉，自己却躺在沙发上玩手机；也不应该自己早上想赖床就赖床，无视孩子的意愿，催着他早起去上学。这样的做法会让孩子感到不公平，他会质问："为什么你们要求我准时睡觉和按时起床，而自己可以随心所欲？"长此以往，就是再完美的作息时间表对孩子都不起作用。因此，父母应该以身作则。

为了让父母、孩子都能有规律地工作、学习和生活，一家人可以协商出一个方案，调整作息时间，互不干扰。父母在制定家庭作息方案时，要注意合理安排自己和孩子的平行时间、交叉时间和共同时间。

平行时间，是指在某个时间段内父母和孩子各自做各自的事情，互不干扰；交叉时间，是指在某段时间内，父母和孩子各自做自己的事情，但有协作的可能和需要；共同时间，是指在某段时间内，父母和孩子共同做一件事情，分工合作。比如，周末全家一起大扫除的时间就属于共同时间。

对于工作繁忙需要经常加班的父母，在制定家庭作息方案时，要协调好自己与孩子的作息时间，保证自己和孩子每天都有充足的睡眠时间。

条件允许的情况下，父母可以尽量利用周末的时间来协调工作和生活，避免在晚上加班。

另外，平时需要在家加班时，父母应尽量将加班时间安排在孩子放学后以及晚上孩子入睡以前，以免影响孩子的睡眠质量，同时保证自己也能按时睡觉。比如，父母在事先设定的平行时间内加班，当孩子在自己的房间里学习时，父母可以不受打扰地安静工作。如果不得已在孩子入睡以后加班的父母，可以选择去远离孩子卧室的房间工作，以保证孩子的睡眠环境良好。

讨论家庭作息方案时，父母应该保持与孩子的沟通，询问孩子的意见，让孩子主动参与其中。这样才能保证共同创造一个健康舒适的家庭环境。

合理规划作息时间、与孩子讨论学习需求、营造适合学习和工作的环境，以及对加班时间进行合理、有效安排，都是父母协调工作与家庭生活的关键步骤。除此之外，父母还可以考虑以下一些措施：

（1）关注孩子的学习进度，在孩子需要的时候给予支持；

（2）向孩子解释为什么要加班，以及加班的重要性；

（3）规定孩子和自己的公共空间，尽可能避免工作和学习空间的交叉影响；

（4）积极参与家庭生活，关注孩子的兴趣和需求；

（5）适当安排家庭娱乐活动，为全家人提供休闲和释放压力的空间。

总之，共同制定家庭作息方案不仅可以帮助孩子养成作息规律的好习惯，也可以督促父母改变作息混乱的坏习惯，兼顾工作和家庭，让全家人都受益。

第五章

第4步：关注孩子的作业时间观念

　　在培养孩子时间管理能力时，父母最为关注的是孩子作业时间的管理。父母都希望自己的孩子能够赢在起跑线上，因此，除了学校布置的家庭作业外，许多父母还让孩子参加一些补习班、兴趣班等。

　　如何制定合理的时间安排，高效地、保质保量地完成任务，已经成为孩子必须面临的挑战。

一、先玩后学还是先学后玩

很多父母会纠结于孩子放学后究竟是先玩后学好呢，还是先学后玩好。支持前者的父母认为先玩后学可以让大脑劳逸结合，张弛有度，因而学习效率会更高；而支持后者的父母则认为把学习任务搞定了之后，才能更加放松、无负担地玩耍。这两种观点都有道理，但是又都有缺陷。事实上，父母不需要执着于孩子应该先学还是先玩。

第一，学和玩并不是对立的。父母首先需要理清"学习""玩耍""消磨时间"这几个概念之间的差别，比如用玩具做实验、看喜欢的英语动画片、上网检索地图等，这类玩耍看上去并没有直接的学习成果，却是一种高质量的学习。而放学后去公园骑车、遛狗以及听音乐等，这类玩耍能够让孩子的身心得到及时、有效的放松，有助于提高后续的学习效率。相反，无目的地刷视频、玩手机小游戏等都属于消磨时间，这种玩耍才是父母需要警惕的。

第二，孩子的状态、自制力是不同的，每天面对的任务也是不同的，所以父母也要灵活应对。比如，面对年龄小、自制力差的孩子，父母可以引导他先完成学习任务，然后再去玩耍；如果当天孩子比较疲惫，自然要先休息，之后再选择合适的时间完成学习任务；如果孩子当天精力比较旺盛，并没有疲惫感，那父母就可以让孩子决定自己是先学还是先玩；如果孩子和父母对当日的作业存在疑问，那么父母就要引导孩子评估学习任务，做出合理的安排。

第三，先学后玩或者先玩后学争论的核心问题其实是"时间管理的最终目的是什么？"。最重要的不是完成当下的任务，而是培养孩子的时间管理能力。在这个过程中，孩子的自主能力才是关键。因此，父母应该把重心放在让孩子不断增强对自己的状态、目标、行为和后果的判断和决策能力上。至于先学还是先玩，不过是针对目标采取的不同策略、不同的行为表现模式而已。

只有让孩子学会判断当下的状态、行为与当前目标、长远目标之间的关系，并以此作为基础来调整他的行动方案，才能够令他真正学会如何进行自我管理，而这正是时间管理的核心。

二、孩子写作业慢、效率低

研究数据显示，75.79%的家庭曾因写作业发生过亲子矛盾。父母在面对孩子的作业问题时很容易丧失冷静，最常见的场景就是"一写作业、鸡飞狗跳，又吼又叫"。之所以出现这种情形，一是因为父母并不了解孩子出现作业问题的真正原因，二是父母不懂得如何培养孩子合理高效安排作业时间的能力，因而孩子也不得其法。

对于大多数孩子来说，写作业慢的原因一般有以下几个。

1. 基础差，作业不会做

孩子在写作业时，如果大部分的题目都不会，那么时间的浪费就会更多。此外，一些孩子在遇到不会的题目时，会去询问父母，询问完后再继续写作业，但很快又会遇到不会的题目，便再次询问。这样来回折腾，时间浪费就很明显了。这种做法不仅会打破写作业时的安静气氛和专注，导致分心，同时，也会打断孩子的思维。

面对这种情况，父母应该实事求是，首先想办法帮助孩子打好基础。如果知识基础不扎实，再怎么着急也是没有用的。

2. 作业杂乱无序，无条理，无处下手

如果孩子回家不知道有什么作业，不知道从哪里开始，那么写作业的效率自然会很低。这是典型的由条理性差导致的问题。

针对这种情况，父母需要教导孩子合理规划作业顺序和流程。这一部分内容将会在下一节详细叙述。父母需要引导孩子学会自行规划和组织任务，平时也可以让孩子参与处理家务事，给他创造一些训练逻辑性和条理性的机会。如果父母习惯为孩子安排一切，孩子的锻炼机会便被剥夺了。当然，在孩子做事的过程中，父母也可以适时给予指导，帮助他正确地处理事务。

3. 父母的加码行为

许多父母总是希望孩子在做完学校的作业后再做些题目。如果父母习惯在孩子完成学校的作业后继续增加作业，那么，为了逃避父母的这种加码，磨蹭便成了孩子的一条对策。孩子会有意识地拖延、磨蹭，最终就真

的养成磨蹭的坏习惯了。这是一种被父母逼出来的磨蹭。

为了解决这个问题，父母应该引导孩子预估每天完成作业所需的时间，并将要完成的任务分配到合适的时间段。父母必须为孩子留出休息的时间（自由支配的时间）。例如，完成作业预计需要 1 个半小时，如果孩子在 1 个小时内完成了作业，剩下的时间应该由孩子自己规划，让孩子做他喜欢的事情。通过这样的习惯培养，孩子会提高完成作业的效率，因为他知道早完成作业会有更多的自由时间。

4. 孩子不喜欢写作业

孩子对于一件事的喜爱或厌恶，与他参与该事的主观体验有直接关系。当孩子参与某件事情时，若得到的是快乐、兴奋等积极的体验，他就会喜欢这件事，并想要不断持续下去。相反，若体验到了烦躁、焦虑、挫败等负面情绪，孩子就会本能地产生排斥，甚至是厌恶。人人都是这样，对有趣的事充满积极性，对枯燥乏味的事则能拖就拖。

对于不喜欢写作业的孩子，父母应尽量调动他对写作业的兴趣，例如，可通过游戏或竞赛的方式来安排作业。此外，还可以采取计时的方式，表扬孩子按时完成作业，甚至通过"集贴画兑换愿望"的方式，调动孩子的积极性。

5. "橡皮擦综合征"

"橡皮擦综合征"是指孩子在写作业时过于追求完美，稍微有点瑕疵就用橡皮擦去重写，以求每个字都写到最好。这类孩子之所以写作业缓慢，不是因为能力低或故意拖延，而是因为过高的学习压力和心理焦虑导致他们怕出错。

父母需要理解孩子的心理，给予孩子更多耐心和时间；同时，降低对孩子的要求以减轻孩子的压力。此外，父母可以鼓励孩子尽量少使用橡皮，如果孩子不能放弃橡皮，父母可以定时将它没收，经过一段时间的适应后，孩子对橡皮的依赖就会逐渐减少。

三、"红绿灯排序法"，作业更有趣

上一节我们提到，孩子写作业慢的一个主要原因就是对各科作业毫无头绪，无章可循，无处下手，更谈不上作业管理。针对这一类孩子，父母可以适时引入"红绿灯排序法"，帮助孩子对作业进行分类、梳理并简化。

"红绿灯排序法"是一种通过使用颜色来组织和排列任务的方法，可以使孩子在写作业时感觉更有趣、效率更高。该排序法是一种以"红""黄""绿"三种颜色为标志，根据作业重要性和难易程度进行分类的方法。通过将作业分类标注颜色，孩子可以清晰地了解作业的优先级和重要性，有效地管理作业时间。在这个"红绿灯系统"中，红色代表重要且难度高的任务，黄色代表重要但难度低的任务，而绿色则代表普通且难度低的任务。接下来，将以一个案例来说明如何使用"红绿灯排序法"帮助孩子管理作业时间。

欢欢是一名四年级的小学生，每天的家庭作业分别是：语文阅读理解，数学一课一练，英语单词，英语作文，练字20分钟，朗读15分钟。欢欢最喜欢语文课，她的语文成绩也是各科中最好的，英语次之。欢欢非常不喜欢数学，尤其讨厌做数学应用题，因此，每次都是其他作业完成了，数学作业却迟迟拖着做不完。

针对欢欢的情况，如何使用"红绿灯排序法"呢？

第一步，列出每项任务，并依照"红绿灯排序法"对每项任务进行评估，为其标上颜色。比如，数学一课一练对欢欢来说就是非常重要但是难度也很高的任务，所以标记为红色；而语文阅读理解、英语单词、英语作文则属于重要但难度相对低的任务，所以标记为黄色；最后，像练字、朗读这种常规性的任务，重要级别为普通，且难度低，因而标记为绿色。

第二步，一旦为各项任务标好颜色后，就需要制定任务清单。标题栏依次填入：序号、任务名称、色彩分类、排序、计划用时、备注，如下图。

序号	任务名称	色彩分类	排序	计划用时	备注
1	数学一课一练	红色	1	20分钟	
2	语文阅读理解	黄色	2	15分钟	
3	英语单词	黄色	3	10分钟	
4	英语作文	黄色	4	15分钟	
5	练字20分钟	绿色	5	20分钟	
6	朗读15分钟	绿色	6	15分钟	

第三步，将任务填入表格后，需要根据每项任务的难度和工作量预估一下用时，并填入表格中。

第四步，按照排序，先把标记为红色的任务完成，再依次执行黄色任务和绿色任务。在做作业过程中，可以使用计时器计时。每项任务完成后便在"备注"一栏里面打"√"，如果实际时间超出计划用时，则在打"√"后写下实际消耗的时间，方便事后复盘。

之所以先选择红色任务，是因为这些任务通常是需要较多时间和精力来完成的，一开始先攻克难度高的任务能够使用优势精力优先完成最重要

　　早上八点，轩轩第一个来到学校，坐在座位上拿出笔记本写下今天的学习计划。

　　轩轩将当天的作业分别记录在了计划表上，方便之后对作业进行管理。

的事情，从而有效利用时间和精力。相反，如果在时间和精力有限的情况下先做难度低的任务，很有可能等后面需要处理难度高的任务时，精力已经不够用了。此外，先难后易的方式可以让孩子在写作业的过程中逐渐树立自信，获得更好的体验，减少对作业的排斥。

最后，父母可以根据孩子的作业记录表，定期评估孩子写作业的速度和质量，并根据评估结果确定下一步的措施。

四、在规定时间内完成任务

很多人整天嚷嚷"没有时间""我很忙"，然而，"没时间"其实是一个谎言，因为每个人每天拥有的时间都是 24 小时——1440 分钟——86400 秒。时间，也许是这个世界上唯一公平分配的东西。那么，你的任务就是将这些时间最优化地运用。

发达国家的一些中小学，给孩子留的作业被称为"长时作业"——long-term assignment，指那些需要花较长时间才能完成的课题或学习任务。完成这些课题普遍需要一个月的时间，有的甚至需要几个月的时间进行调研。

学校会给父母一个本子，上面有每天各个科目的学习内容和作业，也会记录课题进展情况。学校老师会把具体应该进行哪些调研告诉孩子，孩子回到家后，就可以对照这个本子的安排，确认今天要做的事。

低年级的孩子和父母一起按照本子的要求做好各项准备。任务结束后，父母要检查孩子是否完成了作业，并在本子上签字。第二天再由孩子把本子带去学校交给老师。若不事先安排好时间，做好计划，就很可能完不成老师布置的任务。

想要在截止时间之前顺利完成课题，孩子必须要制定一套严谨有序的计划。引导孩子为长时作业等设定截止日期，这一行为有助于孩子增强对时间进度的感知，激励他跟上规划进度，去完成每天必须完成的作业以及可能花费更长时间才能完成的学习任务。

父母必须清醒地认识到孩子身上可能存在的惰性，必须时刻去提醒他克服这种惰性，必须让他铭记：每件事情都必须有一个期限，否则，他的本能就倾向于有多少时间就花多少时间。这样一来，给再多的时间都不够用。如果不给自己一个做事的期限，这件事情可能会被无限期地拖下去，永无完成之日。

许多时候，孩子会有一种追求完美的想法，加上事情本身又没有期限限制，那么，他会想，再花些时间把它做得更好些吧，或者，会觉得反正已经花了那么多时间了，再拖几天也无妨。一旦陷入这种泥沼，就只会越陷越深。

帕金森在其著作《帕金森法则》一书中写有这样一段话："你有多少时间完成学习，学习就会自动变成需要那么多时间。"如果你有一整天的时间可以做某项任务，那么这项任务就需要一整天时间来完成。而如果你只有 1 小时的时间可以做这项任务，你就会更迅速、有效地在 1 小时内做完它。

"在这个时间范围内完成。""一定要在 × 点之前完成。"在日常生活中，父母也可以引导孩子做一些倒计时练习以增强孩子的紧迫感，比如，让他尝试在 15 分钟内做完一件事情。父母可以打开手机的倒计时功能，并告诉孩子："如果你能在 15 分钟内收拾完房间，爸妈可以奖励你半小时的自由时间。"孩子听着闹钟嘀嗒嘀嗒地响着，自然就会紧张起来了。

爸爸发现轩轩最近写作业的时间总是拖得很长，就找轩轩聊聊天。

爸爸很耐心地听轩轩讲述最近的学习状况。

爸爸指出了轩轩的学习方法并不适用他。

最近轩轩的学习状况有所改善，轩轩拿着满分的作业本给爸爸看。

在孩子开始行动之前，父母可以和孩子约定一个截止日期，以督促孩子按时完成任务。父母要帮助孩子建立一种自我暗示：相信自己能够在规定时间内完成。脑海中反复这样想，才更有可能将计划成功落实。

五、用对方法，高效陪伴

如今，孩子的作业与父母的关系日益密切。孩子的很多作业都需要父母的帮助，不仅要配合出题，还要检查并签字。然而，在陪孩子写作业的过程中，有的父母很容易陷入烦躁、焦虑，有的父母则不停地指责、抱怨，还有的父母过度介入、劳心劳力……然而，结果却不尽如人意。实际上，陪孩子完成作业需要适当的方法和技巧。如果想要孩子在写作业的时候有积极的体验，父母可以尝试以下的策略。

原则上，写作业这件事应该由孩子独立完成，父母应该放手。当孩子已经具备独立完成作业的能力时，父母应该给孩子足够的空间让他自主完成作业，并在作业完成后对结果进行检查，尽量给孩子正面的反馈。但是，在孩子尚不具备独立完成作业的能力时，父母需要积极地帮助，提供必要的辅导。父母在辅导孩子时，也需要有适当的方法和技巧。

1. 只教方法，只讲关键

孩子做作业的理想状态是，先复习课堂所学的知识点，然后独立完成作业，有不会或者不明白的地方，最后统一问父母。建议父母最好能教孩子如何调整做题顺序。如果遇到不会做的题目，可以先做其他的题目，最后再做不会的题目，这样就可以节省时间，也不会打断思路。

对于孩子不懂的题目，父母给孩子讲解时，要了解孩子的问题所在，对症下药。但要注意的是，不要一股脑儿讲给孩子听，而应启发孩子，有意识地训练孩子对知识点举一反三的能力。如果父母也不懂得知识迁移的技巧，那么，可以尝试只告诉孩子这个题目的关键难点是什么，然后让他按照父母的点拨去思考。

2. 关注过程，适时鼓励

父母在陪伴孩子完成作业的过程中，应该重点关注孩子的学习过程，重视他在完成作业过程中的努力程度、态度和习惯。当孩子做得较好时，父母应及时给予鼓励和表扬，以强化他的良好习惯，比如，"你每次完成题目后都会认真检查，这非常不错，很好"。这种及时的认可与鼓励可以提升孩子的学习积极性，增强他对学习的自信心。

此外，如果孩子在学习上遇到困难，父母应当采取适当的帮助措施。但是，如果父母不了解孩子的具体情况，如何给予帮助呢？在孩子写作业的过程中，父母要观察他做题的方法、了解他的学习情况以及对知识的掌握和理解状况，以便及时发现问题并给予帮助。

3. 此时无声胜有声

在陪孩子写作业的过程中，最好不要总是指出孩子的缺点，这样会使孩子产生反感情绪。孩子有时坐姿不端正，有时会趴下去，有时玩橡皮、跷二郎腿等。当孩子做这些动作时，不要过多指责或说教，因为这些声音会干扰孩子写作业。如果说得太多，孩子会感到厌烦，注意力会分散，特别是反复说教，后果会更严重。

那么应该如何处理呢？无声的纠正比有声的提醒更有效。例如，如果孩子跷二郎腿或坐姿不正，就用手帮他正过来，不需要说任何话，这既表明了父母的态度，又不会影响孩子写作业，孩子也会知道该怎么做。无声的做法显示了父母的耐心。同样，如果孩子在玩东西，可以无声地拿走，不需要说任何话，孩子会明白的。

4. 不要经常临时加习题

一些父母看到孩子很快完成了学校的作业，便再次安排新的任务，试图运用题海战术。然而，这种急于求成、揠苗助长的方法只会适得其反。孩子知道作业永远不会完，因此更不想做作业，甚至希望作业永远不会完，因为只要完不成，就不会有新的作业。这种情况也很好理解，因为当任务变得过多时，人们就不想去完成它们，这是每个人的正常心理，特别是对于临时的、多余的事情。许多孩子反映说："即便我争分夺秒地完成了学校的作业，妈妈还是会安排其他的作业给我，那我快速完成又有什么意义呢？"

因此，父母必须理解孩子的心理状态，并顺应他的需求。如果需要额外的练习，应该提前和孩子商量好，形成共识，让孩子将注意力集中在当前要做的事情上，避免突然临时增加新任务干扰他。

保护孩子对学习的热情和兴趣是父母的首要责任。提高管理作业时间的能力是一个渐进的过程。父母需要给孩子充分的时间和空间去调整，等孩子自己想要改变并需要帮助时，再进行协助。学习不应该成为孩子的负担。父母应该让孩子有充足的时间去探索世界，与自然接触，思考人生，享受学习的快乐和成长的乐趣！

第六章

第 5 步：提高孩子的时间管理效率

专注力就是效率，重要的不是用了多长时间，而是有没有集中注意力。

一个专注的人，往往能够把自己的时间、精力和智慧凝聚到所要干的事情上，从而最大限度地发挥积极性、主动性和创造性，努力实现自己的目标。

每个人的时间精力都有限，只有学会把有限的时间和精力都投注在一个目标上，持之以恒，我们才能厚积薄发，有所成就。可以说，专注力，是我们想有所成就的有效途径。

专注力的原理和肌肉一样：使用不当就会退化，使用得当就会增强。也就是说，任何人只要训练得当，都可以提升自己的专注力。

一、用"想法收集箱"排除杂念

大脑每时每刻都会产生无数个念头,当脑海中的事情太多时,我们就会抓不住重点,变得焦虑,无法专注地做当下的事情。"想法收集箱"的作用就是帮助我们随时记录想法、把想法从大脑中解放出来,从而可以专注于当下所做的事情。

一旦我们将这些临时冒出的想法记录下来后,"想法收集箱"就起作用了,它会帮我们过滤掉多余信息或者一些无意义的信息。

有时候,杂念会不自觉地闪现在我们的头脑中。因此,有人认为杂念是不可控制的,也不可能彻底消除。实际上情况并非如此,杂念不仅可以彻底消除,而且消除方法还很简单。杂念基本上都是关于"计划""日程""该做的事"等尚未决定或尚未完成的事情的,只要把它们写下来,写进"想法收集箱"里,它们就不会再干扰我们的思维。

爸爸和莉莉讨论周末去做些什么，来充实自己。

周末的早晨，爸爸带着莉莉去打沙滩排球。莉莉玩累了，坐在地上。

第二天，爸爸带莉莉去体验了一次书法课。

下课后，爸爸牵着莉莉的手走在回家的路上。

父母在正式引入"想法收集箱"之前，需要先向孩子解释"想法收集箱"的作用。

孩子在学习的时候，将"想法收集箱"——可以是便笺纸或者A4纸——与其他物品一并放在书桌上，以便一眼就能看见。孩子很可能对此毫无准备，甚至会被这样的方法吓一跳，父母可以鼓励孩子亲自试用一下"想法收集箱"，并详细解释如何使用。比如，"好想去溜冰"是孩子在开始学习的时候产生的一个念头，"需要买新橡皮了"则是学习时产生的又一个想法，父母可以引导孩子将其随手记录下来。每天完成学习任务后，给当天的"想法收集箱"标注日期。在孩子慢慢了解并熟悉"想法收集箱"的过程中，父母应该给予必要的辅助，让孩子亲身体验，并分享使用体验和感受。

父母可以鼓励孩子坚持使用"想法收集箱"。在学习的过程中，无论何时脑海中蹦出新的念头，都可以用笔写到纸上，然后将其从脑海中抛出，继续回到手头的任务上。孩子还可以将在"想法收集箱"里的记录，按照自己的方式来分类整理。比如，他可能会想到要学英语，可能会想到周末要出去玩（计划）等。父母可以定期与孩子讨论他"想法收集箱"里的那些计划和想法应该放在哪个时间段去完成，并给出反馈和指导。

二、让学习挑战化、游戏化

《生命的升级：成为自己故事中的英雄》的作者史蒂夫·坎布是一名游戏爱好者。他曾称，如果能够弄明白自己为什么如此着迷于游戏，他就可以利用这些原理，以冒险为核心，而不是逃避，来重建自己的生活。

游戏化设计的一个重要元素就是挑战和技能的匹配。坎布了解到，这些游戏是由一次次升级组成的：在第一级中，你可以杀死蟑螂；在第二级中，你可以杀死老鼠；在第三级中，你可以杀死怪物……当你升到足够高的级别时，你就可以开始与龙怪战斗了！

不断升级的感觉真的很棒，人们会不自觉地爱上这种来自大脑的奖励。

为了让玩家上瘾，网络游戏公司不会制定难度系数太低的任务，难度太低会让玩家有轻视的心理；当然，也不会制定难度系数太高的任务，难度太高可能会使玩家放弃。一个适当的难度系数，能够使玩家轻松地获得成就感，并使玩家的大脑得到"自我实现型奖励"。

同样的原理，当孩子有了挑战、竞争意识，就会想方设法地去打败对手，去"通关"，那么，他做事的效率自然就会提高。那么父母该如何做呢？

首先，设置一个合理的任务时长。除去在校时间外，父母将孩子的学习时间设置为 2～3 小时比较适宜。这样的时间安排可以让孩子感受到适度的时间压力，从而主动合理安排时间。这样的时间长度既可以鼓励孩子通过提高效率、快速完成任务提前"通关"，进而享受自由时间；还可以让孩子不至于因为时间过长而疲惫不堪，或者因压力太大而打退堂鼓。

其次，学习前应该设定一个具有挑战性且难度适中的目标。将孩子的学习任务想象成一个游戏，分成一个个关卡，让孩子通过关卡来完成学习任务。设置合理的难度系数对于激发孩子的学习兴趣和挑战欲望十分关键。在完成所有关卡后，孩子会感到像玩游戏一样的成就感。

游戏是孩子最喜欢的学习方式，在生活的各种场景中都可以用于提高孩子对学习的兴趣。比如，在孩子阅读绘本时，父母可以将文本内容转换为游戏形式讲解，这样不仅可以创造出良好的学习体验，使孩子对知识产生浓厚的兴趣，还能激发孩子学习的动力！

三、番茄学习法：专注又高效

番茄学习法，也称番茄时间管理法，是一套高效利用时间的方法，由弗朗切斯科·奇里洛于 1992 年首创，充满趣味性。比起很多其他系统的方法论，番茄学习法更容易操作与实施。

番茄学习法是将学习时间分成 25 分钟的专注时间和 5 分钟的休息时间，也就是 1 个番茄钟。每完成 4 个番茄钟，需要进行一个时间相对长一点的休息，比如 15 ~ 30 分钟。孩子在学习时，使用番茄学习法，倒计时的时钟可以提醒孩子时间在流逝，督促孩子保持专注力，不要被外界干扰。久而久之，孩子就会养成高效专注的学习习惯。

为什么番茄学习法将专注时间设为 25 分钟呢？一个番茄钟为 "25 分钟专注时间 +5 分钟休息" 是经过大量研究和实验证明的一个科学的时间长度。25 分钟是人体专注力保持得最好的时间长度，在人疲劳之前，利用一次短暂的休息便能够快速恢复精力，重新投入高效的学习。这样的设置可以帮助大多数人保持良好的节奏，持续高效地工作。番茄学习法的提出者弗朗切斯科·奇里洛也曾解释说，25 分钟是一个经验值，适用性最广。每个人都可以以此为基础找到自己的节奏，但是，最好将时间控制在 50 分钟以内，以免出现过度疲劳。

经常使用番茄学习法的孩子会对时间越来越敏感，对时间的判断也会越来越准确，从而能够更好地规划和控制自己的行为，提升学习效率。

如何帮助孩子使用番茄学习法呢？

番茄学习法训练所需要的工具：

·1个番茄计时器

·1支笔

·1张学习任务表

准备环节要做两件事：一是列出今天必须完成的任务，然后进行排序；二是预估每个任务要花的番茄钟，以番茄钟为单位进行计划。以番茄钟为单位做计划有两个好处：一是可以把大任务拆解，有效化解大任务带给人的压迫感，有助于缓解拖延症；二是以一个标准的番茄钟计时，能建立完成一个任务要花多长时间的时间概念，从而有效反馈工作效率。

在对作业进行排序的时候，要遵循先难后易的原则，把当天最重要且难度最高的作业放在最优先的位置上。父母也可以引导孩子给不同难度的作业起名字，比如，最重要且最难的作业叫大青蛙，难度次之的可以叫小青蛙，没什么难度的作业可以叫小蝌蚪等。这样的方式可以增加孩子写作业的乐趣。

在开启番茄任务的时候，可以让孩子亲手按下闹钟，这实际上是一种仪式感，暗示孩子：任务正式开始了，请保持专注。

一旦任务开始后，孩子就要全身心专注于当下，直到番茄钟响起。这时，孩子就要马上停止学习，核对自己任务列表中的第一项任务，完成即打"√"，未完成则标"×"。这也是一种仪式感，能让孩子清晰地看到自己专注的成果。随后，休息5分钟。

在执行番茄学习法的过程中，如果突然遇到干扰因素，会很容易被

放学回来，轩轩躲在房间里一边玩手机一边写作业。

轩轩，你作业写完了吗？

妈妈，我的作业写完了，我一会儿要出去和小伙伴们打球。

妈妈和轩轩一边吃晚饭，一边问轩轩写完作业了没有。

轩轩的成绩掉了下来,老师打电话找轩轩的妈妈谈话。

妈妈把轩轩叫到身边,耐心地和他沟通。

我选择读书，我会把这个时间用于自我投资，让自己不断成长，能力进一步提升。

轩轩，如果你获得了一段自由时间，会选择读书还是看电视？

在课余时间，莉莉和轩轩围在课桌边讨论问题。

我会选择看电视，给自己一个放松的时间，充分休息后，再集中注意力投入高效的学习中，为自己创造出更多的自由时间。

其实不管哪种方式，只要合理地安排时间，都会有收获。

莉莉对这个问题给出了不一样的回答。

打断。

（1）如果是内部因素打断，即被自己的念头和想法所打断，解决方法是将这些想法扔进"想法收集箱"，不要立即去做。

（2）如果是被外部因素打断，即被不可抗力的外界因素打断，那么就让这个番茄钟作废，在调整好状态后，重新开启番茄钟。

番茄响铃或提醒后，父母要督促孩子立即停止学习，休息5分钟。番茄学习法特别强调休息的作用，学会休息才能形成良好的节奏感，保证大脑有精力完成后续的番茄钟。休息的时候尽量不要动用脑力思考，可选择冥想、远眺或者躺下放松一会儿等。

每4个番茄钟之后，休息15~30分钟，也就是说4个番茄钟为一组。如此循环下去，直到孩子完成当日的任务。

需要注意的是，番茄学习法并不是万能的。番茄学习法的特点之一是不适用于假期或者休闲活动，因为休闲时间是用来放松和休息的。番茄学习法只适用于严肃的、对精力和专注力要求比较高的任务，比如孩子的家庭作业。在学习之外，孩子应该拥有充足的自由时间，并使用多种时间管理方法来训练自我管理能力。

四、选择在精力旺盛的时候学习

19世纪，意大利经济学家、社会学家维尔弗雷多·帕累托在照料自家的菜园时意识到，他的80%的可食用蔬菜只来自约20%的植物。因此，他把更多的精力集中在照顾那些高产植物上，他菜园的蔬菜产量也得以大幅度提高。

在美国有一句俗语："美国人的金钱装在犹太人的口袋里。"为什么？犹太人始终坚持二八定律——企业80%的收益来自20%的客户，坚持好钢用在刀刃上。这是他们的经商之道，也是他们的生存和发展之道。美国企业家威廉·穆尔在为格利登公司销售油漆时，第一个月仅挣了160美元。此后，他仔细研究了犹太人经商的二八定律，分析了自己的销售图表，发现他80%的收益的确来自20%的客户，但是他过去却对所有的客户花费了同样的时间——这就是他过去失败的主要原因。于是，他要求把他最不活跃的36个客户重新分派给其他销售员，自己则把精力集中到最有希望的客户上。不久，他一个月就赚到了1000美元。穆尔学会了犹太人经商的二八定律，连续九年从不放弃这一法则，这使他最终成为凯利—穆尔油漆公司的主席。

这种现象也同样反映在个人时间管理中：正确使用20%的时间，就能获得80%的成就。如果人的精力有10分，把它分成10份去做10件不同的事，那么每做一件事你只能用一分的精力。一分的精力能做成什么大事呢？只能是一事无成。如果你把10分的精力聚集在一起，那么它就是一把锐利的钻头，无坚不摧，无往不胜。这就意味着，只要正确地利用时间，那么你只需要付出20%的时间，就能获得80%的成就。这也意味着你要勇于对自己的精力进行"断舍离"，只有拒绝了无价值的部分，才能专注地完成有价值的部分。

二八定律还可以运用到学习的各个方面。你可以集中精力，用于一项内容的学习；你可以集中时间，专攻某一方面的内容；你可以集中所学，搭建一个合理的知识结构。你还可以在一定的时间内，把积累起来的资料归类，从中发现新的信息、新的知识。你可以集中优势精力，攻克重要任务，比如某项研究。我们的核心知识几乎都是在那 20% 的优势时间段内获得的。也许你以往没有注意到，当你有意识地去利用二八定律来分配精力时，你的收获会更多。

如何找到我们一天中的优势精力，从而科学分配时间，提升学习效率，使自己获得最佳的学习效果呢？

首先，我们需要知道，大脑状态影响学习效率。实验表明，大脑连续工作 2 小时以上就会疲劳，效率会显著下降；睡眠不足时，大脑的活动也会变得迟钝。如果大脑处于疲惫状态，思维不活跃，学习效率自然就会降低。按照一般情况分析，人的一天的效率曲线如下图。

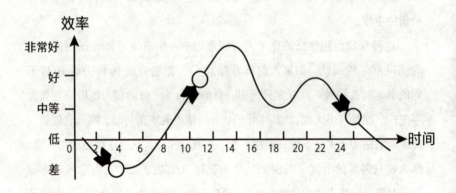

清晨 6 至 7 时：经过一夜睡眠，大脑已经将前一天所接收的信息整理、归纳、记忆、清理，等待接收新信息。这个时间段，人的记忆力最好，效率比较高。

上午 9 至 11 时：早晨进食后，人的精力比较旺盛，对各种信息的接收、理解速度快，判断清晰，记忆也比较好，这也是一天中效率最高的时间段。

晚上6至8时：这个时段，大脑进入活跃高峰期，此时的快速记忆效果通常比较好；在睡觉前，大脑不再接收大量的新信息，但是会无意识地处理相关信息，将其保存在记忆中。这个时间段，效率也比较高。

值得注意的是，由于生活习惯和遗传因素的影响，每个人的注意力分布不一样，可以通过观察、记录、总结，来掌握自己最佳的用脑时间，然后把重要的任务放在精力旺盛的时间段做。

如果我们在学习的时候能够使大脑处于较佳状态，就可以积极思考，以创造性的方式进行各种活动。因此，了解自己在不同阶段的精力水平，科学安排自己的时间和精力，在效率高的时候学习，就能获得事半功倍的效果。

第七章

第6步：引导孩子管理自由时间

要让孩子明白，管理时间其实就是想方设法使学习和生活变得更有趣。"如果你为自己的时间制定了明确计划，包括到什么地方去放松和开心地玩，那么在那段自由的时间里，你就可以真正放下压力。因为你知道，此刻你真的不需要做其他任何事情。"

正如荷兰的未来学者、作家与演讲家巴卡斯所言："时间管理最重要的目的，是创造更多的自由时间。"

对于孩子来说，时间管理的目标是"搞定一切还能玩"！这里的"一切"是父母期望孩子完成的任务，"玩"则是孩子的动力。

一、为孩子设置自由时间

很多父母并没有意识到自由时间对孩子的重要性，也不会主动为孩子安排自由时间。很多情况下，孩子晚上的作业时间是不够的，有些父母甚至会给孩子的作业加码，在孩子完成当天的学校的作业后，又给临时加题，这导致原本就不愿写作业的孩子更加不情愿。于是孩子可能会采用拖延的策略，故意放慢做题速度来避免做更多的附加题。结果，孩子就更没有自由时间了。

实际上，自由时间能够激发孩子的学习动力，提高学习效率。对孩子而言，自由时间之于作业，就像是通关奖励之于游戏。孩子通过保持专注，快速保质保量地完成作业，之后就可以拥有属于自己的时间。孩子完成作业的时间越早，他获得的自由时间就越多。这样孩子就有了提高学习效率的动力，不再需要父母催促。建议父母给孩子设置自由时间也正是出于这个目的。

　　自由时间的安排可以让孩子释放爱玩的天性，也是给孩子一个放松身心的机会，缓解学习压力。因为写作业是靠孩子持续性地消耗精力去完成的，同时，他还承受着时间压力。最好的方式就是劳逸结合，即在学习之余，为孩子提供适量的自由时间，使他得到充分的休息和放松。这与成年人在工作之余需要适当的休闲娱乐是一样的道理。

　　此外，自由时间也能帮助孩子培养独立性。在自由时间内，孩子可以学会自行安排时间和任务，培养独立解决问题的能力。而且，"自由时间"也有助于提高孩子的自我约束力，使他学会合理安排时间，更好地做好自我管理。

　　但是，假如孩子每天的时间不够用，还有必要给孩子设置自由时间吗？

　　答案是，有。如果孩子每天的时间不够用，父母需要跟孩子一起分析，究竟问题出在哪里。

　　如果是父母的原因，比如，给孩子添加了许多额外的任务，在孩子完成作业之后又临时加题，那么父母就需要为孩子减负，降低对孩子的某些要求，给孩子多一些空间。因为长期过量的负担不仅可能加重孩子的拖延，还可能给孩子的身心带来健康隐患。

　　如果是孩子的原因，那么，父母就更应该为孩子设置自由时间，并告知孩子，自由时间是需要靠自己争取的，作业完成得早就有，完不成就没有。这样一来，为了获得自由时间，孩子慢慢就会改掉拖延的习惯了。

　　无论从哪个角度来看，自由时间对孩子的成长都有着重要的作用。因此，父母应该积极为孩子安排自由时间，帮助孩子在自由时间内发挥才能，有更多的收获。除了鼓励孩子每天尽快完成作业以赢得自由时间外，父母还可以参考以下两种方式。

第一，每周给孩子留出一天，让孩子做自己想做的事情。

父母每周专门安排一天，一般以周末为宜，让孩子可以自由地做自己喜欢的事情。如果孩子平日的学业任务比较繁重，那么到父母选定的那一天，孩子就可以彻底卸下学习的负担，好好放松身心。这也是一种张弛有度的生活方式。

第二，利用时间银行里存储的时间。

父母还可以鼓励孩子利用自己存在时间银行里的时间来发展自己的兴趣和爱好。比如，孩子可以用时间凭证兑换全家出游，让孩子全权负责行程策划；如果孩子喜欢音乐，也可以兑换音乐会门票，由孩子自己选择音乐会的场次，并规划一切事宜。这些使用自由时间的形式不仅会让孩子身心放松、乐在其中，还可以提高孩子的自我管理能力。

二、自由时间的"约法三章"

父母为孩子设置自由时间的目的有三个：一是劳逸结合，张弛有度，保证孩子可以持续地专注学习；二是给予孩子独立规划、安排时间的机会，有助于培养孩子的自主时间管理能力；三是作为一种正向反馈，鼓励孩子高效完成任务，改掉磨蹭、拖拉等坏习惯。为了保证自由时间真正发挥以上作用，父母需要对孩子的自由时间进行一些基本的管控。

父母需要和孩子建立一些共识。

第一，自由时间必须安排在完成任务之后。需要让孩子明白，自由时间是孩子完成任务之后剩下的时间。也就是说，孩子完成任务的时间比规划的时间提前了，那么剩下的时间就是孩子的自由时间。理论上来讲，孩子完成任务用时越短，自由时间就越多。如果孩子因为拖拉导致完成任务超时了，那自由时间就没有了。

第二，自由时间由孩子自行支配，父母非必要不干预。在这一点上，父母需要适度地放手，让孩子自主决定并规划在自由时间里做什么。

第三，自由时间也有限制项。父母授权孩子自己安排自由时间，但是前提是，自由时间的规划要与家庭的其他规则相匹配。如果出现与家庭的其他规则相冲突的时候，孩子需要事先征得父母同意，或者必要的时候，全家要一起商量是否需要调整孩子的规划或者家庭的部分规则。

在孩子习惯养成阶段，设置自由时间的主要目的是帮助孩子摆脱不良习惯。因此，父母应该尽量避免在具体计划的细节上与孩子争论。父母和孩子应该采取协商的方式，帮助孩子确立一些易于接受并信服的规则。当出现不适当行为时，父母只需要提醒孩子遵守这些规则即可，以便维护亲子之间的良好关系，同时让自由时间发挥应有的作用。

需要注意的是，所有的规则都不是一成不变的。父母的管控还需边发现边干预，一旦出现新问题，父母应该及时与孩子沟通，讨论规则的适用性以及是否需要根据实际情况进行调整。父母应该鼓励孩子参与每次讨论，让孩子发挥积极性，增强思维能力和自主能力。

为了方便对孩子的自由时间进行合理的监督和干预，也为了训练孩子对时间的把控和规划能力，避免无计划、无目的地浪费时间，父母可以推荐孩子使用"自由时间计划表"。

假设孩子提前20分钟写完作业，那么这20分钟就是孩子的自由时间。但是如何合理又高效地利用这20分钟时间做一件事情，这需要孩子具备一定的时间预估能力和自控能力。20分钟能够做什么事情？时间一到我能否及时停下？例如，20分钟可以看一集动画片、看20页漫画，完成乐高积木的一部分……如果孩子计划看20分钟电视，结果不知不觉看了40分钟还没停止；原计划看20页漫画，结果提前看完了又沉浸在了游戏中……需要的时间预估能力和自我规划能力都是可以通过"自由时间计划表"来慢慢培养的。

父母可以引导孩子养成使用"自由时间计划表"规划和记录自己自由时间的习惯，可参考下图。

自由时间计划表

序号	活动内容	预计时间	实际用时	备注
1				
2				
3				
4				

三、事先划分并约定屏幕时间

当今社会，手机已成为人们日常生活不可或缺的一部分，孩子也不例外。很多家长担心孩子过度使用屏幕，但是简单地强制限制是行不通的，同时也会打断孩子与社会的正常联系。屏幕时间是孩子的正常需求之一，如果正常需求都被压抑，那么再好的时间管理方法也不能培养孩子自主和

放学后，莉莉背着书包回到家，从书包里拿出一张表格给妈妈看。

妈妈看着手里的表格对莉莉说明什么是"目标"。

妈妈让莉莉修改一下这个"目标"，换一个说法。

妈妈鼓励莉莉写下明确的目标。

独立的能力。因此，家长在爱、理解和支持的基础上，应该给孩子充足的机会，同时也要加以必要的监管，避免孩子沉溺其中。

1. 沟通时要带着同理心

当父母与孩子沟通屏幕使用规则时，很重要的一点就是要带着同理心去看待孩子。父母在与孩子商量屏幕使用规则时，要尽量以孩子的需求为重，试图理解孩子的立场，并给予孩子更多的选择。同时，也要让孩子明白，屏幕使用是有限制的，但这并不是父母对孩子的限制，而是为了孩子的健康和成长所作的规定。通过真诚的沟通，父母可以与孩子建立起信任关系，孩子也会更容易接受屏幕使用的限制。

2. 用有限的选择引导行为

用预先设定好的、符合规则和预期的多种选项，来引导孩子的选择。每次提问的时候要准备好选项。提问的方式，可以刺激孩子去思考、想办法，而给予孩子选择的空间，可以提高孩子的主动性。自己做的选择，自然更有动力去执行并遵守约定。

例如，你是想看电视，还是去公园骑单车？你是想看 20 分钟动画片呢，还是搭 20 分钟乐高？

3. 组合模式训练

父母与孩子约定了屏幕时间之后，父母的提问、引导便以该时间限制为基础，而且当孩子作出选择之后就应该尽量将时间固定下来。

父母可以尝试将屏幕时间和另一项期望中的任务，比如，作业、运动等进行组合。在规范、引导屏幕时间时，多使用组合模式，比如，"做作业 20 分钟 + 屏幕时间 20 分钟""运动 20 分钟 + 屏幕时间 20 分钟"等。一旦将组合模式固定下来，孩子的大脑就会习惯这样的设定，行为之间的切换也会变得更加自然。

4. 设置时间提醒

对于年龄小的孩子或者刚开始习惯培养的孩子，父母可以采用"提前5分钟提醒"策略，这样做可以给孩子缓冲时间，做好准备结束屏幕时间，并主动切换状态。

随着孩子年龄增长，为了培养独立性，摆脱对大人的依赖，父母可以使用倒计时功能的闹钟或者计时沙漏来代替家长的提醒。"看到"时间一点点流逝，能让孩子有紧迫感。而当孩子能够在时间清零之前顺利结束，他内心还会产生一种掌控时间的成就感。

除此之外，父母还可以协助孩子寻找其他娱乐方式，如学习一种乐器、轮滑、书法或搭乐高等，来帮助他扩大视野，拓宽知识面。父母鼓励孩子发掘自己的兴趣爱好，使他不再依赖屏幕。随着时间的推移，孩子将逐渐掌握健康的屏幕使用方法，也能做到有计划地控制好自己的屏幕时间。这样，父母便不必再担心孩子沉溺于屏幕，消磨时光，影响身心健康了。

四、对"无意义"睁一只眼闭一只眼

孩子并不在意效率和性价比，他经常沉溺于被成人认为是无意义的事情中，花费大量时间。有的孩子在考试前不认真复习，而是玩乐高；有的孩子明明有更重要的事情，但却不急着去完成，反而在发呆，什么也不做。实际上，这种"浪费"对于孩子也很重要，这些看似无意义的时光，往往是释放压力、增强自信、挖掘创造力的关键时刻。

当孩子表现出"浪费时间"的行为时，父母不要急着指出问题并责备孩子，可以采用温和、亲切的语气提供帮助。例如，父母可以问："需要我帮忙吗？妈妈随时乐意帮忙。""要不要先吃点水果，休息一下？"父母应该尽量避免责备性地询问："为什么总是发呆？快点做正事。""又在瞎忙活什么呢？"……

如果孩子想玩，就让他玩得开心，让孩子在适当的时候释放压力、放松心情。父母需要理解和尊重孩子的行为偏好，尤其是那些看起来没有意义的活动，它们对孩子的成长非常重要。父母在关心孩子成长的同时，也应该在适当的情况下睁一只眼闭一只眼。

父母无须控制孩子的每一件事，给孩子足够的空间和信任，尽量用温暖和蔼的态度关爱孩子的成长。在得到足够的自由和支持的前提下，孩子很快便会培养出健康的生活模式，慢慢成为自立的、有自我意识的个体。

第八章

第 7 步：守护孩子的梦想

德国有句谚语说："时间如风，方向对了，就能带你到任何地方！"目标能给予你巨大的能量去过上幸福的生活。

想做的事和喜欢做的事，会指引你找到梦想。一旦明确了愿望和目标，就更容易专注于重要的事情，抛弃琐事。

一、鼓励孩子去追寻梦想

　　每个孩子都有梦想。有时，孩子嘴里的梦想似乎只是一时的心血来潮，比如，你三岁的孩子可能告诉你，他长大了要当一只大熊猫；有时，孩子的梦想，又十分合乎现实情况，例如，刚刚参加完运动会的孩子回家后告诉你，他以后想从事体育工作；也有一些时候，孩子有更多的梦想，比如，一个青春期的孩子告诉父母，说他想成为一个电影明星或摇滚歌手。

　　作为父母，如何才能对孩子的梦想作出最好的回应？是应该盲目地鼓励他们"宝贝，你一定可以成为任何你想成为的人！"，还是应该善意地指出，在通往成功的道路上有许多障碍，可能一些梦想永远无法实现？父母应该在多大程度上让孩子了解现实，让他为即将步入现实世界做好准备呢？

　　首先，父母需要认识到，其实孩子在某种程度上知道他的梦想是一厢情愿的。但这并不妨碍它对孩子有好处。因为，梦想着"有一天我想做什么"，是孩子在想象未来的自己——有才华、有信心，并且很成功。谈论梦想是孩子在试图创建一个沟通"今天"和"未来"之间的桥梁。

父母应该鼓励孩子去追求梦想，并且通过对话帮助孩子来完善、巩固这个桥梁。

比如，父母可以问孩子："我想知道如何做才能变成那样呢？""你认为人们需要学习什么技能才能做到那样？"这样的问题可以帮助孩子开始思考下一步的措施。

在引导孩子时，父母需要记住，请将注意力集中在孩子制造、追寻梦想的过程上，而不是结果上。因为，重要的不是具体的梦想，重要的是孩子在创造、想象、伸展和发展他的想法方面的能力和行动。

二、制定愿望清单

帮助孩子制定一个愿望清单，清单可以参考以下问题，并给予孩子足够的时间回答以下问题：

（1）我想学习 _____。

（参考：某项技能、某门课程、某一运动项目等。）

（2）我想阅读／欣赏 _____。

（参考：书籍、杂志、电影等。）

（3）我想参观 _____。

（参考：动物园、博物馆、商店或者旅游景点。）

（4）如果能帮助我们城市的 _____，那就太好了。

（参考：做志愿者、参与某项活动。）

（5）我一直想尝试 _____。

（考虑一下：自己是否能够独自完成这件事？完成这件事需要什么帮助？）

（6）我需要赚取／攒 _____，这样我就可以 _____。

（参考：现金、礼品卡、特殊优惠券等；达到某种心愿等。）

（7）我的 _____ 快用完了。

（考虑：衣服、艺术用品、洗漱用品，或最喜欢的玩具、零食、饮料。）

……

愿望清单本质上是将孩子的目标落在纸面上的一种方式。当然，父母也可以使用图表来引导孩子列出他的目标。图表可以考虑使用两栏式，一栏表示短期目标，另一栏表示长期目标。

短期目标是指可以在几周或几个月内实现的目标。长期目标可能需要几个月甚至几年才能实现。当孩子还小的时候，他可能只有短期目标。即便这样也没关系，对于年纪小的孩子，短期目标也足以让他为目标开始做计划、行动。

无论采取哪一种形式，父母在帮助孩子制定愿望清单的时候，需要遵循一些准则。

（1）孩子列出清单并不意味着他的愿望一定会实现。

毕竟，它是一个愿望清单。如果有人帮忙或者在孩子的努力下，愿望实现了，那就太好了！如果没有，那也没关系，父母可以和孩子一起研究原因、调整方法，争取早日实现它。

（2）对孩子的某些愿望，父母有完全的否决权。

无论如何，父母必须保留对孩子说"不"的权利。孩子必须接受这一点，并且清楚地知道规则和限制的边界在哪里，除了不被允许的个别选择，孩子还有很多其他的愿望。

（3）与孩子讨论"需要与想要"的话题。

重点不是找到一个客观公认的标准，而是引导孩子去思考分类标准，一起探讨在家庭内部大家都能接受的标准，并建立共识。同时，让孩子明白，"想要"一点都没有错，也不丢人，但是一定要在满足"必需"的前提下，再去获得。这类对话可以让孩子在未来的日子里一直受益。

三、将愿望转化为目标

第一，启发孩子陈述目标。

当孩子拥有自己的愿望清单后，父母应该引导孩子逐步将愿望变成目标。父母可以通过三个问题来帮助孩子思考如何将愿望转化为目标：①实现这一愿望需要什么技能和知识？②你计划用多久实现这个愿望？③你能在没有别人的帮助下实现这个愿望吗？

一旦孩子回答了这些问题，父母就可以通过让孩子填写"我将＿＿＿"的陈述，将孩子的愿望变成目标。重要的是，要具体列出自己将做什么、何时做。例如，假设孩子的愿望是：能够做一个后空翻。那么，孩子的目标可能是"我将每周练习3次后空翻，每次5分钟，为期一个月"。练习将目标转化为孩子可以掌控的事情，而"每周3次，每次5分钟"则表明了孩子为实现目标所做的努力，"为期一个月"则给目标加了一个时间框架。

陈述的形式，可以由孩子自由发挥，但是父母要帮助孩子进行目标把控，以保证孩子的目标是一个好的、有意义的目标。一个好的目标，应该具备以下几个要素。

（1）好的目标要有一个时间期限。每个人的时间都是有限的。一个有时间期限的目标，会帮助孩子形成一种紧迫感，能够促使他在时间期限内集中精力，排除干扰，更好地完成目标。

（2）好的目标要有一个清晰的衡量标准。设定一个合理的、可衡量的标准，可以避免陷入完美主义的陷阱，导致低效学习。

（3）好的目标要有一个明确的应用场景。比如，孩子努力练习滑冰的目的是在滑冰场做出某些动作，或是参加滑冰比赛，或是具备参加某个项目的资格等。如果能够为孩子学习的成果，寻找一个合适的展示方式或者应用场景，那么孩子在努力的过程中，无疑会更加有动力。这个场景越清晰，孩子的动力就会越强大。

第二，让孩子思考并列出实现目标所需的资源。

所需要的资源可能是孩子已经拥有的东西——需要收集在一起，或者是家里暂时没有的东西，之后可能需要购买。此外，资源还可以包括关于如何做某件事的课程或教学视频等。

第三，将目标融进日常生活。

父母应帮助孩子理解：为了实现目标，孩子每天需要完成一定的指标任务。父母也可以打印目标计划图表来帮助孩子跟踪每天的进展，记录他在第1、5、10、20和30天的感受。当孩子每天都做一定量的任务时，他慢慢就会发现变化来得如此之快，令人惊奇。

第四，检查目标的实现情况。

父母可以每周检查一次，看看孩子在实现目标方面做得如何，并在月底帮助他确定是否成功。如果没有，带领孩子分析并找出原因，然后与孩晚上，在房间里，轩轩把今天做过的事情回顾了一下，并把它们记录在笔记本上。

周末的晚上，爸爸看到轩轩正在写日记，问他今天玩得怎么样。

轩轩把前几天做错题的事告诉了爸爸。

晚上，轩轩把和爸爸的聊天感受记录下来。

子一起决定他是否愿意为下个月设定新的目标。

四、梦想与愿望笔记

把自己要做的事情都写下来，这样做可以让孩子随时都明确自己该做什么。不要让他觉得自己可以用脑子把每件事情都记住，而当他看到自己长长的愿望清单时，也许还会产生压迫感。

《记事本圆梦计划》的作者熊谷正寿建议，将笔记用作时间管理的工具。比起将梦想记在脑子里，作者告诉大家将梦想写在笔记上，并且每日携带，时刻不忘自己的梦想，如此一来，这个梦想会更鲜明地刻入你的意识中，与你寸步不离。

把梦想写在笔记中，可以成功地将笔记从单纯的日程表、记事本变成"成为理想的自己"的"梦想笔记"。

熊谷正寿的"梦想笔记"概念，在日本再一次掀起了一次手账热。与其他同类书籍相比，《记事本圆梦计划》的魅力在于，这是作者熊谷正寿亲身实证的结果：他依靠梦想手账实现了自己 21 岁时制定的理想——35 岁时拥有自己的公司，并成功上市。

熊谷正寿创造了三种笔记本使用方法。

· 第一种是写着"理想的自己"的"梦想笔记本"。

你理想中的自己是什么样的？你期待未来的自己变成什么样子？引导孩子将自己的梦想和对自己的期待写在纸上，并强烈地相信自己的梦想，保持热情和动力。

· 第二种是管理实现未来梦想所需行动的"行动笔记本"。

核心是"中长期计划日程表"和"短期计划日程表",前者以一个月为单位,后者以一日为单位。

· 第三种是将日常思考作整理归纳的"思考笔记本"。

不要让孩子错过任何闪过脑际的创意、片段式想法,那都是他的思考。随时记录可以使他的思考变得更加流畅、富有逻辑。

在使用梦想笔记本的时候,有三个技巧值得借鉴。

第一,巧用不同颜色的笔。

使用不同颜色的笔来记录不同的事项,区分不同的内容。熊谷正寿说,"通过不同的颜色留下不同的痕迹,可以直观地将时间这条线索记录在笔记本上"。比如,孩子今天在本子上记了50个单词,晚上复习巩固时发现有十几个没记牢,此时可以用绿色笔画圈,等到第二天自我检测时,如遇到记错的、遗忘的,可以再用红色笔标记出来,之后就要重点背诵没记熟的那几个。

第二,巧用便利贴来检索、记事。

(1)日期便利贴。用日期便利贴标记特殊时间和截止日期。比如,提醒孩子考试的时间、任务的最后期限等,就可以将对应的日期写在便利贴上,然后贴在笔记本对应页码的右侧,露出有日期的那一端,便于及时提醒。

(2)书签便利贴。将便利贴当作书签来使用是一个非常便捷有效的方法。比如,孩子读书时如果遇到某些部分理解得不够透彻,就可以用便利贴标注,写上自己的疑惑、观点等,等之后有时间的时候,便可以直接翻到那一页,重新学习或者记录新理解。

(3)检索便利贴。便利贴具备索引功能,让孩子可以迅速翻阅到参考信息所在的页面。一般而言，建议将便利贴贴在笔记本页面顶部的位置，因为上方是最不影响翻阅的位置，而且便于永久保存。

第三，贴资料。

就完成任务而言，效率是第一位的，完成比完美重要。把现成的资料原封不动地贴在笔记本上就是提高效率的一个好办法。此外，利用当时使用的原始资料，作为打开记忆之门的钥匙，是非常高效的回忆方法。

如果孩子有梦想，那么不妨让他尝试一下使用梦想笔记吧。实现梦想不能天马行空，付诸行动时也不能三天打鱼，两天晒网，只有坚持不懈，将短期计划与长期计划结合，才是实现梦想的正确方式。

五、坚持写成就笔记

成就笔记能让孩子清楚地知道自己追求的目标和成就。这不仅能带来乐趣，而且能让他有更高的效率。可以让他在成就笔记的第一页写下自己这一年的学业目标。

接下来每天回答以下问题：

· 为了实现目标，我今天做了什么事情？

· 今天什么事情取得了好成绩？

· 我今天做的什么事是不久后会改变的？如何改变？

· 我今天学了什么新东西？

· 哪些人今天让我受到了鼓舞？为什么？

· 今天什么事情让我感觉特别有意思？为什么？

· 我今天给谁带来了快乐？

· 我今天照顾了哪些人?

· 我明天要做什么?

每天结束的时候,让孩子花一些时间把答案写在自己的笔记中——不必写成小说,把想到的用简短的文字表达清楚就可以了。也不必每天回答所有问题。一段时间以后,相信这本个人日记会成为他生活的一部分,给他带来很多乐趣。

此外,还可以让孩子把自己的创意写下来,这样就不会因为这些突发奇想而偏离轨道,而且,也许这些思维碎片在以后能起作用。

坚持写成就笔记,可以让孩子逐渐学会认可并欣赏自己,这对孩子的身心健康都极具意义。孩子养成每天思考自己取得了什么成就的习惯,有助于孩子建立更多的自信心。

如果某天孩子开始思考自己在实现某项成就的过程中使用了哪些技能,比如,在拍摄春节家庭聚会的影片时,使用了什么样的镜头语言和拍摄技巧;在剪辑制作影片时,使用了什么软件。这些都可以转化为未来帮助孩子实现自我价值和社会价值的财富!

放学回家的路上，小明问轩轩周末有什么安排。

周末的早晨，轩轩待在家里休息。

　　轩轩给自己的学习定了一个目标。第一个月，轩轩把上课学习的内容巩固一遍。

　　第二个月，轩轩把不懂的地方整理成一个难点练习题本，再去问老师，以便把不懂的问题搞懂。

第三个月，轩轩专心做模拟试卷。

轩轩在期末考试中拿了第一名。

后记

培养孩子的独立意识

独立性是时间管理的精义。想要孩子学会时间管理，首先要培养孩子的独立性。

独立性是一个很重要但往往会被父母忽视培养的能力。不能自立的孩子无法在社会中生存，所以，真正的教育并不是给孩子以援助，而是传授孩子独立生存的本领。遇到问题，父母要告诉孩子处理方法，有意识地培养孩子的自立能力。

动物会在孩子长大后把它从身边赶走，逼迫孩子去独自生存。这种行为看似残忍，实则有利于孩子的成长。作为高级动物的人类，有多少父母能狠下心这样做？父母对孩子发自内心地百般呵护，是爱孩子还是害孩子？为什么现在许多孩子的自理能力这么差呢？

那么，父母应该怎样从小培养孩子的独立性呢?

一、不要把孩子想得那么娇气

在父母眼里，孩子总是很娇嫩。很多父母总是担心："别伤着孩子。"其实，孩子是没那么娇气的。孩子有近4千克体重时就开始自行调节体温了；他甚至对大部分病菌也有了良好的抵抗力，他每时每刻都在成长。

二、关爱孩子，但切忌过度照顾

依恋是孩子对亲情的需要和体验，是一种情绪反应。正常的依恋对孩子的心理健康有利，是日后社会关系形成的基础。正常的孩子，并不需要成人时时陪伴。只要在孩子有需要时，父母能出现在他身旁，满足其生理和心理的需要即可，其他时间，孩子是能够独处的。因此，父母和孩子应该各自拥有独立的空间和时间，这样，孩子才会更快乐，才会与父母更亲密。

父母切忌过度照顾孩子。父母一刻不离孩子，只会让孩子形成过度依恋。这种不正常的情绪反应，对孩子独立性的发展是十分不利的。

三、让孩子在集体中发展独立性

新的环境就是一个新的小社会。从幼儿园到小学，当孩子进入一个新的集体时，往往会产生恐惧和不安的情绪。如何解决好这一问题，对父母和孩子都是一个考验。

父母对孩子参加第一个社会团体要做好充分的思想准备，以积极愉快的态度让孩子更好地融入。父母可以让孩子从小就接触同伴；经常让他到大自然中去；让他和其他成人接触；入幼儿园时向教师详细介绍孩子的特点和情感表现，让老师多帮助孩子。这样，孩子就会逐步融入集体。在集体中培养、发展出来的独立性更具社会价值。当孩子学会自己排队、自己洗手，自己做一切能做的事，甚至独立操作和解决一些困难时，独立和自信就能自然发展。

四、合理利用孩子的独立意识

从孩子学会说话、学会走路的那一刻起，孩子的独立意识就开始悄悄形成了。他想要摆脱父母的种种束缚，虽然能力不够，却事事都想自己来。

父母要在孩子还小的时候就意识到这一点。如果父母忽视孩子身体活动的需要和心理成长的需要，事事代劳，处处设防，就会引起孩子的反抗。父母应当细心观察孩子，了解孩子，相信孩子，放手让孩子做自己想做又能做的事，并对孩子经过努力做成的事给予适当鼓励；让孩子在游戏中扮演大人，照顾娃娃；给孩子更多的行动自由，养成必要的独立习惯。这样，孩子发展的独立倾向就得到了保护。

独立性与孩子的自我意识、情感发展等密切相关，是关乎孩子未来能否成功的重要心理品质。因此，父母应该把爱"隐藏"起来一点，让孩子在独立中成长！

适合自己的才是最好的

父母帮助孩子培养良好的时间管理技能是很重要的，这包括教他如何设定目标，提前计划，并保持进度，在孩子学习这些宝贵技能的同时提供支持和指导。但是，不要试图要求孩子立刻将这本书中的所有方法付诸实践。

因为这些方法不一定总是适合孩子。父母要引导孩子找到属于自己的时间管理方法。

对于年龄小的孩子，可以陪着他把所有的方法浏览一遍，然后共同讨论，选择那些现在就能够真正改变他的生活的方法，并付诸实践。

对于已经是青少年的孩子，当他的成长发生变化时，就教导他去找到新的方式来适应当下的情况，使自己的学习更有效率，成绩更进一步，生活也更加轻松愉快。

参考这本书的内容，和孩子一起想办法，试着摸索出属于他的时间管理方法。